地方治理创新与法治发展的浙江经验

何永红 著

图书在版编目(CIP)数据

地方治理创新与法治发展的浙江经验 / 何永红著.
— 杭州 ：浙江工商大学出版社，2016.1
（“法治浙江”丛书）
ISBN 978-7-5178-1465-8

Ⅰ. ①地… Ⅱ. ①何… Ⅲ. ①地方政府—行政管理—研究—浙江省②社会主义法制—建设—研究—浙江省 Ⅳ. ①D625.55②D927.55

中国版本图书馆 CIP 数据核字(2015)第 312125 号

地方治理创新与法治发展的浙江经验

何永红 著

出 版 人 鲍观明
责任编辑 刘 韵
封面设计 许寅华
责任印制 包建辉
出版发行 浙江工商大学出版社
（杭州市教工路 198 号 邮政编码 310012）
（E-mail：zjgsupress@163.com）
（网址：http://www.zjgsupress.com）
电话：0571－88904980，88831806（传真）
排 版 杭州朝曦图文设计有限公司
印 刷 虎彩印艺股份有限公司
开 本 880mm×1230mm 1/32
印 张 6.125
字 数 165 千
版 印 次 2016 年 1 月第 1 版 2016 年 1 月第 1 次印刷
书 号 ISBN 978-7-5178-1465-8
定 价 28.00 元

浙江工商大学出版社营销部邮购电话 0571-88904970

《“法治浙江”丛书》编委会

序　言

党的十八届四中全会通过的《关于全面推进依法治国若干问题的决定》明确提出全面推进依法治国的总目标，即建设中国特色社会主义法治体系，建设社会主义法治国家。习近平总书记指出："提出这个总目标，既明确了全面推进依法治国的性质和方向，又突出了全面推进依法治国的工作重点和总抓手。"法治成为政府治理、国家治理、社会治理的根本手段，同时法治又是人类共同追求的崇高理想目标。

中外历史经验表明，在国家法治建设的进程中，我们难免遭遇种种困难，理论的争锋、观念的冲突、旧制度的阻挡，以及利益的再分配，都会使法治建设的推进不是一条坦途大道。推行法治者不但需要义无反顾的壮烈情怀，还需要一往无前的探索勇气。

苏力教授在《法治及其本土资源》一书中说："真正能得到有效贯彻执行的法律恰恰是那些与通行的习惯、惯例相一致或相近的规定。"确实，实现法治的基本要求便是法律的有效执行，要使其融入民众的生活，就必须充分利用本土资源。这便是说，法治之路离不开地方性的探索与实践。

浙江是改革开放的先行者和排头兵，是中国经济社会发展最具有活力的省份之一，而且在法治建设方面浙江也一直敢立潮头，勇于实践。

2003 年 8 月起，在时任省委书记习近平的推动下，浙江省实行领导干部下访制度，变群众上访为领导下访，成为"法治浙江"建设的重要载体。2005 年，省委十一届九次全会，通过《中共浙江省委关于制定浙江省国民经济和社会发展第十一个五年规划的建议》，明确提出要"以推进'法治浙江'建设为载体，努力建设民主健全、法治完备、公共权力运行规范、公民权利切实保障的法治社会”。2006 年，省委十一届十次全体（扩大）会议，又审议通过《中共浙江省委关于建设“法治浙江”的决定》。会议指出，省委提出并推进“法治浙江”建设，是根据中央的决策部署，对浙江现代化建设总体布局的进一步完善。2014 年 12 月 4 日，省委十三届六次全会通过了《关于全面深化法治浙江建设的决定》，浙江进入了法治建设的快车道。

自习近平同志在浙江省提出“法治建设”决策近 10 年来，全省各地、各部门扎实推进“法治浙江”建设，依法执政水平明显提高，科学立法、严格执法、公正司法、全民守法等各方面均取得显著成效，走出了一条经济发达地区法治先行先试的新路子。今天，站在新的历史起点上，面对新的形势任务，浙江人民在浙江省委的领导下，乘势而上，浙江省委就全面深化“法治浙江”建设做出新的部署，明确了“路线图”，确定了“时间表”，全面推进“法治浙江”建设正向纵深发展。

宁波大学法学院的老师们受浙江省社会科学界联合会的委托，着手撰写“‘法治浙江’丛书”，旨在探寻“法治浙江”建设的曲折历程，展示“法治浙江”建设的丰富内容，揭示“法治浙江”建设的基本规律，总结“法治浙江”建设的成功经验与发展障碍，谋划“法治浙江”建设的新思路、新方案、新路径。

经过近一年酝酿策划、调研讨论和分工撰写，代表这一研究成果的十一个课题成果以丛书形式呈献给读者。相信这套丛书的出版，能让全国乃至世界了解“法治浙江”建设成果，同时也希望能够引起浙江乃至全国法学界、法律界人士总结“法治浙江”的经验，思考“法治浙江”的未来趋势，与我们一起共同把这一个课题做得更好、更深。

是为序。

沈满洪

2015 年 11 月 5 日

注：作者为宁波大学校长

目 录

第一章 “法治浙江”的提出

第一节 “法治浙江”提出的背景

建设“法治浙江”是浙江省委从全省经济社会发展全局和构建和谐社会的战略高度，着眼于提高党的执政能力、保障人民群众的民主权利、全面提高社会法治化水平所做出的一项重大决策部署。改革开放以来，浙江始终保持良好的发展势头，在 20 多年的时间内，就实现了由资源小省跨入了经济大省、市场大省行列的转变。如何在高起点上实现又好又快发展，党的十六大以来，省委坚持把贯彻落实中央方针政策与着眼于浙江实际紧密结合，以科学发展观统揽经济社会发展全局，先后对经济、文化、社会建设等方面重大决策部署，对推进浙江现代化建设起到了重要作用。

在浙江省实现科学发展、和谐发展、跨越发展的关键时期，“法治浙江”是转型发展的重要基础。在转型发展新阶段，更需要明确依法治省新的目标和新的任务，需要领导干部和全体机关工作人员善用法治思维和法律手段研究解决经济社会问题，促进浙江省经济繁荣和社会和谐。

一、社会矛盾的早发先发需要法治来协调利益、规范关系

浙江经济社会发展走在全国前列的同时，也遇到了一些早发先发的矛盾和问题，特别是经济体制深刻变革、社会结构深刻变动、利益格局深刻调整、思想观念深刻变化。人们更希望从法律和制度上规范关系、兼顾利益。省委认为，处在这样一个重要变革的

时代,浙江要构建和谐社会,在全面建设小康社会、加快现代化建设进程中继续保持前列,必须把推进法治建设放到更加突出的位置,注重用民主的方式、依靠法治的力量来治理社会、调节关系、平衡利益、减少矛盾。浙江有基础、有条件、有责任在推进法治建设方面进行积极探索,并为我国建设社会主义法治国家做出贡献。[①]

二、对外开放的不断扩大需要建立国际一体化的行为准则

法治是推动经济发展的原动力,法治更是国际社会开展经济一体化合作发展的基本规则。浙江省对外开放程度高,不仅沿海临港工业快速发展,也有重要的能源和原材料的出口加工基地。浙江省与国际经济贸易往来密切,与国际经济一体化程度越来越高。在开展国际交往和参与国际竞争中,法治是基本的行为规则。法治一方面通过权利保障,赋予公众更多的自由、选择和创新动力促进经济发展,另一方面通过制度规范,开展国际竞争与合作,协调各方利益矛盾与冲突,发挥其推动经济一体化和合作发展的制度保障作用。

三、地方改革创新需要法治先行开路,提供制度基础

浙江省经济社会发展速度快、发展程度高,各方面的发展指标均位于全国前列,属于先行发达地区。与此相随,浙江省也是一个利益关系复杂、社会矛盾频发的区域。要保持浙江省经济社会发展位于“全国第一方阵”的优势,必须依靠法治引领,持续推动转型发展;必须着眼于经济社会发展大局,创新制度和改善管理,改变现行管理体制与工作机制不能完全适应浙江省转型发展新阶段要求的现状,营造一个更加有利于企业公平竞争、有利于公民权益保护的法治环境;必须转变治理方式,完善制度和工作机制,进一步

---

① 李波:《建设法治浙江篇之一:谱写法治浙江建设新篇章》,《今日浙江》,2007 年第 9 期。

拓宽社情民意表达渠道，保障人民群众有序参与重大行政决策、有效监督政府行政管理；疏通利益协调和矛盾调处的法制管道，依法化解社会矛盾纠纷。

第二节 “之江新语”与法治论断

习近平自2002年开始主政浙江，其间，省委高度重视法治建设，始终把法治建设贯穿于改革和发展的各项工作之中①。

2004年月12月，省委决定把建设“法治浙江”纳入重点调研课题，由省委主要领导亲自主持，并专门成立了由省委分管领导牵头的建设“法治浙江”工作筹备小组，着手开展有关理论与实践问题的研究工作。2005年的最后一天，习近平领导省委召开专题会议研究建设“法治浙江”工作。会议指出，从“依法治省”到建设“法治浙江”，是省委根据中央决策的部署，是“依法治省”的进一步深化和发展，是对浙江现代化建设“四位一体”的总体布局的进一步完善。2006年4月，习近平主持召开省委十一届十次会议，审议通过了《中共浙江省委关于建设“法治浙江”的决定》，做出了建设法治浙江的重大决策，率先开始了建设法治中国在省域层面的实践探索，为建设法治中国提供了宝贵经验和鲜活样本。

这期间，习近平对工作中的法治问题进行了深入思考。这可从他任浙江省委书记时他工作思考的文集《之江新语》中略见一斑。该书有八篇文章涉及“法治”，反映了习近平对法治问题的深刻理解②。

---

① 李波：《建设法治浙江篇之一：谱写法治浙江建设新篇章》，《今日浙江》，2007年第9期。

② 人民日报评论部：《从浙江到北京习近平如何说“法”》，《人民日报》，2014年10月22日。

一、科学维权和依法维权

在《坚持科学维权观》①一文中，他提出了发展要讲科学，维权也要讲科学的科学维权观。“坚持科学维权，关键是要做到以人为本、依法办事、统筹协调……要牢固树立依法执政、依法行政和依法办事的法治理念，把维权工作纳入法治化的轨道。”在《和谐社会本质上是法治社会》②一文中，他提出秩序良好的和谐社会是法治社会。“法治通过调节社会各种利益关系来维护和实现公平正义，法治为人们之间的诚信友爱创造良好的社会环境，法治为激发社会活力创造条件，法治为维护社会安定有序提供保障，法治为人与自然的和谐提供制度支持。”

维稳维权是社会安定和谐的大事，既要以人为本，又要依法办事。科学维权观要让群众诉求有法可依、依法办事，关键要有具体法律的保障，应该制定关于依法处理涉法涉诉信访问题的规章，推动诉讼与信访分离，使信法超越信访，运用法治思维和法治方式化解矛盾。

二、德法并举和刚柔相济

在《建法治安村》③一文中，他提出了要建立一种相对于传统农村治理的“礼治秩序”的“法治秩序”。建设新农村要坚持德治与法治并举，建立一种符合农村经济社会发展要求的“法治秩序”。在《坚持法治与德治并举》④一文中，他认为法治与德治是车之两轮、鸟之两翼。“法律与道德，历来是建立公序良俗、和谐稳定社会的两个保障。……依法治国是维护社会秩序的刚性手段，以德治国是维护社会秩序的柔性手段，只有把两者有机地结合起来，才能有

---

① 出自习近平:《之江新语》第一篇(2005 年 9 月 26 日)。

② 出自习近平:《之江新语》第五篇(2006 年 5 月 15 日)。

③ 出自习近平:《之江新语》第二篇(2006 年 4 月 28 日)。

④ 出自习近平:《之江新语》第七篇(2006 年 5 月 19 日)。

效地维护社会的和谐，保障社会健康协调地发展。”

习近平关于德法并举两手抓的思想是转型期社会保障平稳转型、健康发展的地方治理的客观形势的要求，也是对古代“礼法合治，德主刑辅”的治国智慧的发扬光大。

三、转型发展与法治应对

在《法治：新形势的新要求》①一文中，他根据发展阶段的特征提出了法治建设的“新要求”，认为社会主义民主政治和公民参与的发展对落实依法治国提出新要求；改革深化和利益关系的调整对法律和制度提出新要求；人们思想活动的独立性、选择性、多变性、差异性的增强对树立社会主义法治理念等提出新要求。归根结底，他认为新形势对科学执政、民主执政和依法执政提出新要求。

习近平从实际出发，对经济社会形势做出客观分析和准确定位，认为发展处于转型阶段，成绩与矛盾并存，要解决问题就要找到正道，就是要走社会主义法治道路。规范权力需要建章立制；分配资源、协调利益、营造公平诚信氛围、建立有序市场运行秩序、坚持正确舆论导向等，都需要良法善治、有效执行。因此，与其应对“倒逼”不如主动建立，法治成为必然的趋势。

正如习近平同志2007年2月3日在浙江省十届人大五次会议闭幕时的讲话中指出，“和谐社会本质上是民主法治的社会。只有不断推进人民民主，提高法治化水平，才能确保发展健康安全、人民安居乐业、社会安定有序、国家长治久安。”

四、市场经济与法治保障

在《市场经济必然是法治经济》②一文中，他提出市场经济要健康发展离不开法治上的保障。文章用了三个“如果不……就不能

① 出自习近平：《之江新语》第三篇（2006年5月10日）。

② 出自习近平：《之江新语》第四篇（2006年5月12日）。

……”来强调法治对市场经济秩序的保障和规范作用,涉及企业能否真正成为市场竞争主体、市场信息、公平竞争、失信者受惩戒、守信者受保护等方面。

这些论述表明了习近平关于法治为经济发展保驾护航的思想。浙江是经济大省,面对经济蓬勃发展的大势,要用法制规范政府、市场和社会的权力边界,推进政府简政放权,释放市场和社会的活力。于是,取消下放行政审批权、开出权力清单、负面清单、责任清单……使“看得见的手”边界更清晰,尽量减少经济运行中的行政干预,用法律保障经济发展在改革大道上进入新常态。

五、社会风尚与法治精神

在《弘扬法治精神,形成法治风尚》[①]一文中,他提出“使法必行之法就是法治精神”。“人们没有法治精神、社会没有法治风尚,法治只能是无本之木、无根之花、无源之水。……法治也并不体现于普通民众对法律条文有多么透彻的了解,而在于努力把法治精神、法治意识、法治观念熔铸到人们的头脑之中,体现于人们的日常行为之中。这包括培养人们的理性精神、诚信守法的精神、依法维权和依法解决纠纷的习惯等等。”

习近平于2006年2月8日在杭州专题调研“法治浙江”工作时进一步强调,要加强基层依法治理工作,完善基层执政方式,建立和规范基层利益协调、矛盾处理、社会建设和地方治理机制,引导基层组织和基层干部依法办事,引导基层群众以理性合法的形式表达自己的利益要求,从而促进社会的和谐与稳定。在此,再次指明了依靠法治精神实现社会治理的途径。

六、依法治国与党的领导

在《党的领导是法治的根本保证》[②]一文中,习近平提出要在党

① 出自习近平:《之江新语》第六篇(2006年5月17日)。

② 出自习近平:《之江新语》第八篇(2006年5月22日)。

的领导下建设社会主义法治。“法治建设绝不是削弱党的领导，而是要从理念上更好地强化党的意识、执政意识、政权意识，从制度上、法律上保证党的执政地位，通过改善党的领导来更有效地坚持党的领导、加强党的领导，通过完善党的执政方式来更有效地提高党的执政能力、保持党的先进性。”

习近平同志2005年12月31日在浙江省委建设“法治浙江”工作专题研究会议上指出，“建设‘法治浙江’，必须坚持以人为本、法治为民的要求，坚持人民代表大会制度与共产党领导的多党合作和政治协商制度，改革和完善决策机制，保障人民当家做主。”习近平始终强调依法治国必须坚持党的领导，必须坚持“依法执政、依法行政、依法办事的法治理念”，必须将“依法治国、依法执政、依法行政共同推进”。党作为领导核心依法治国理政，就是要做到“党领导人民制定宪法和法律”和“必须在宪法和法律范围内活动”。

第三节 “法治浙江”的内容①

理念是行动的指南。在“坚持依法治国、执法为民、公平正义、服务大局、党的领导”的社会主义法治理念的指导下，习近平领导的浙江省委在十一届十次全会上科学地回答了为什么要建设“法治浙江”、建设什么样的“法治浙江”、怎样建设“法治浙江”的重大问题，明确地把坚持和完善人民代表大会制度，坚持和完善共产党领导的多党合作和政治协商制度，加强地方性法规规章建设，加强法治政府建设，加强司法体制和工作机制建设，加强法制宣传教育，确保人民的政治、经济和文化权益得到切实尊重和保障等八个

① 参见万鹏：《从建设“法治浙江”到建设“法治中国”》，《学习时报》，2015年4月13日；李波：《建设法治浙江篇之一：谱写法治浙江建设新篇章》，《今日浙江》，2007年第9期；朱海兵：《法治浙江8周年纪事—：有关习近平法治思想》，《浙江日报》，2014年10月13日；浙江省政策研究室：《深化法治浙江建设的五个着力点》，《浙江日报》，2014年10月10日。

方面作为建设“法治浙江”的主要任务，从而把广大干部和群众的思想统一到社会主义法治理念上，把各方面的力量凝聚到推进“法治浙江”建设的行动上。

从建设“法治浙江”的八大任务中，我们也不难看出，建设“法治浙江”就是要使任何一项权力的行使都必须有法律的明确授权并符合法律的目的，每一个执法环节都必须符合法律的要求，每一个行为都不能超越法律的界限，一切违法行为都要毫无例外地受到法律的追究；就是要使各项法律制度符合人民的意愿、利益和要求，从法律和制度保障人民当家做主；就是要使遵纪守法成为公民的自觉行为，公民的合法权益不受侵犯，社会更加公平正义，社会各个阶层相互关系更加协调；就是要使中央方针政策和省委重大决策部署得到全面落实，在国家统一的法制框架下开展立法、执法、司法工作，为社会主义经济建设、政治建设、文化建设、社会建设提供法治保障；就是要使党的执政地位进一步得到巩固，通过依法执政提高党的执政能力、保持党的先进性，从制度上、法律上巩固党的执政地位。这些都是社会主义法治理念在浙江的具体实践和结果。

鉴于对法治建设规律的深刻认识，习近平领导下的浙江省委清醒地提出建设“法治浙江”是一项长期的任务，必须坚持不懈。为渐进地实现法治建设的长远目标，省委注重从已经具备的条件抓起，提出了从“十一五”时期的“八方面”的工作着手，干在实处，注重实效，把长远目标与阶段性工作结合起来。不仅如此，省委还要求把解决人民群众最关心的问题，作为推进“法治浙江”建设的切入点，使“法治浙江”建设一开始就惠及群众，变成群众的自觉行动。建设“法治浙江”的指导思想、基本原则、主要任务和重要措施构成了推进“法治浙江”建设的“路径图”和“形象图”，体现了法治建设工作整体上走在全国前列的要求，也为全面落实科学发展观、构建社会主义和谐社会、发展社会主义民主政治、提高党的执政能力提供了法治保障和制度支持。

一、法治是地方治理的基本方式

习近平曾就建设“法治浙江”指出，通过推进城乡发展、区域发展、经济社会、人与自然、对外开放等方面的法治建设，可以规范社会主体行为，引导各方面统筹发展；通过推进经济、政治、文化、社会生活等方面的法治建设，可以使各项建设都有法可依、有章可循，引导各方面协调发展。特别是发展社会主义市场经济，更需要完善法治。只有把社会生活的基本方面纳入法治调整范围，经济、政治、文化和谐发展与社会全面进步才有切实保障，整个社会才能成为一个和谐的社会。可以说，社会主义和谐社会的“六大特征”都具有法治的属性，都在一定程度上表现为法律关系。

在谈到信访问题时，习近平认为，我们党和政府应该让老百姓有一个说话的地方。如果老百姓有了意见、有了要求、有了冤屈，诉告无门，连个说话的地方都没有，就根本谈不上人民当家做主，根本谈不上代表人民的利益。他要求基层干部要把好信访第一道岗，领导干部要积极下访，并指出，变群众上访为领导下访，不是信访工作的唯一形式，也不是越俎代庖，取代基层工作，而是一种思想观念的转变，一种工作思路的创新，一种行之有效的机制，一种发扬民主、体察民情、联系群众的重要渠道。当然，习近平强调，群众上访也要做到依法信访。上访群众多，尤其是上访中的涉法案件多，很多就是因为群众不知道应该去打“官司”，怎样去打“官司”，或者因经济条件所限打不起“官司”，我们党和政府要为群众提供法律援助，确保让每一位群众遇到矛盾之时先去调解，调解不成也愿意打“官司”，懂得打“官司”，打得起“官司”，信得了打“官司”的最终结果。对许多涉法的问题，应该引导群众到调解组织去调解，或者到司法机关去诉讼，而不应都到党委、政府来上访。司法机构终审以后，也要维护法治的严肃性，特别是要维护法律程序的严肃性，不宜产生终审难终、申诉不断的“马拉松官司”。

由此可见，习近平十分注重法治在地方治理中的重要作用，把法治看作是应对前所未有的改革发展稳定任务和矛盾风险挑战，治国理政的基本方略。

二、法治应是党的领导、人民当家做主、依法治国三者有机统一

在关于建设“法治浙江”的问题上，习近平强调要在实践中坚持依法治国、执法为民、公平正义、服务大局、党的领导，更好地体现党的领导、人民当家做主和依法治国的有机统一。他指出：依法治国是社会主义法治的核心内容；执法为民是社会主义法治的本质要求；公平正义是社会主义和谐社会的一个基本特征，也是社会主义法治的价值追求；服务大局是社会主义法治的重要使命；党的领导是社会主义法治的根本保证。他特别指出，要旗帜鲜明地反对那种假借民主、假借法治来否定党的领导的错误倾向，特别要防止一些别有用心的人，打着依法治国的幌子否定党对政法工作的领导，打着司法改革的旗号否定社会制度，利用个别案件诋毁政法机关和政法队伍形象，企图在政法意识形态领域制造混乱和影响，以实现其政治图谋。由此可见，习近平十分重视党的领导、人民当家做主与依法治国的有机统一性。

三、法治是依法执政、依法行政和司法公正的三位一体

依法执政是党执政的基本方式。依法执政问题是习近平“法治浙江”中的重要内容，习近平主政浙江时指出依法治国是关于国家的治国方略，依法执政是关于执政党的执政方略，依法执政是依法治国基本方面在党执政问题上的具体体现，要把依法执政作为党执政的一个基本方式。我们党依法执政，就是要把党的执政活动纳入法治轨道，依法掌权、依法用权并依法接受监督，在法治轨道上推动各项工作的开展，在治国理政的实践中贯彻党的执政宗旨。党员和干部特别是领导干部要成为遵守宪法和法律的模范。党员干部是全面推进依法治国的重要组织者、推动者、实践者，要自觉提高运用法治思维和法治方式深化改革、推动发展、化解矛盾、维护稳定的能力，高级干部尤其要以身作则、以上率下。依法

执政的实质是强调领导干部要尊崇法治。

依法行政是法治的关键。习近平要求把依法行政落实到政府工作各个环节、各个方面，努力建设法治政府。他要求各级党委特别是领导干部都要适应新形势，从根本上转变不适应依法治国、依法治省要求的思维方式、领导方法和工作习惯，自觉遵守宪法和法律，严格按照宪法和法律办事。习近平同志多次强调要加快建设职能科学、权责法定、执法严明、公正公开、廉洁高效、守法诚信的法治政府。各级行政机关必须依法履行职责，坚持法定职责必须为、法无授权不可为，决不允许任何组织或者个人有超越法律的特权。

司法公正是法治的目标。在建设“法治浙江”的工作部署中，习近平提出要以保证司法公正为目标，树立公平正义和保护人权的司法理念，坚持法律面前人人平等，确立依法办案、无罪推定的司法原则，做到实体公正与程序公正并重。要支持法院、检察院秉公执法，依法独立行使职权，广大法官要清正廉洁，秉公办案，敢做人民的“包青天”。公正是法治的生命线。司法公正对社会公正具有重要引领作用，司法不公对社会公正具有致命破坏作用。努力让人民群众在每一个司法案件中感受到公平正义。司法公正是习近平法治思想的灵魂。

四、科学立法是地方法治的基础和前提

法律是治国之重器、良法是善治之前提。要抓住提高立法质量这个关键，深入推进科学立法、民主立法，完善立法体制和程序，努力使每一项立法都符合宪法精神、反映人民意愿、得到人民拥护。并且要充分发挥立法对改革的积极引领和推动作用。法律制度相当于依法治理的粮食和武器，是治理体系和治理能力现代化的重要组成部分，离开法律制度的建立健全来谈依法治理无异于缘木求鱼，“无”法治理必定徒劳无功。深化法治浙江建设，必须进一步加强和改进地方立法工作、法律实施工作和监督工作，建立健全法律制度，不断推进科学立法、严格执法、公正司法、全民守法进

程，切实维护宪法和法律的权威，以此构建全面深化法治浙江建设的客观基础。

习近平多次强调，要把提高立法质量放在首位。牢固树立以人为本的立法理念，围绕人民群众关心的问题，坚持为人民立法、靠人民立法，进一步完善立法机制，拓宽立法与人民群众保持密切关系的渠道，正确处理立法工作中程序民主和实质民主的关系，不断提高立法的民主化、科学化水平。在建设"法治浙江"过程中，地方立法工作要为发展服务、要有地方特色、要维护人民根本利益、要体现时代性；要加强重点领域立法，提高立法的针对性、及时性、系统性，扩大公众有序参与。可见，习近平强调立法工作是地方法治的前提与基础。

五、法治意识和法治精神是法治的灵魂

法律的权威源自人民的内心拥护和真诚信仰。人民权益要靠法律保障，法律权威要靠人民维护。习近平主政浙江时就提出，在着力点上要突出培养公民的法治精神。他深刻指出，法治精神是法治的灵魂。使法必行之法就是法治精神。法治也并不体现于普通民众对法律条文有多么深透的了解，而在于努力把法治精神、法治意识、法治观念熔铸到人们的头脑之中，体现于人们的日常行为之中。这包括培养人们的理性精神、诚信守法的精神、尊重法律权威的精神、权利与义务对称的精神、依法维权和依法解决纠纷的习惯等。因此，要健全普法宣传教育机制，各级党委和政府要加强对普法工作的领导，宣传、文化、教育部门和人民团体要在普法教育中发挥职能作用。要大力加强普法工作，开展群众性法治文化活动，提高普法实效。

六、全民德治是深化法治建设的内生动力

德治是通过大力弘扬社会主义核心价值观，从而实现全体居民高度道德自律的一种十分有益的治理模式。现代社会既是法治社会，也应该是德治社会。法律是成文的道德，道德是内心的法

律。德治既是法治的补充,又是法治的升华,能够有力增强全体公民规范自身行为的自觉性与积极性、荣誉感与崇高感。深化法治浙江建设,必须高度重视道德对公民行为的规范作用,坚持把法治和德治结合起来,进一步增强深化法治浙江建设的内心认同和内生动力。

习近平提出建设新农村要坚持德治与法治并举,建立一种符合农村经济社会发展要求的“法治秩序”。认为法治与德治如车之两轮、鸟之两翼;法律与道德,是建立公序良俗、和谐稳定社会的两个保障。只有把德治和法治有机地结合起来,才能有效地维护社会的和谐,保障社会健康协调地发展。习近平关于德法并举两手抓的思想是对古代“礼法合治,德主刑辅”的治国智慧的发扬光大。

第二章 浙江地方治理创新与法治发展的逻辑

第一节 地方治理创新与法治间的关联和互动

一、地方治理创新与法治的内在关联性

地方治理的理念是多元主体对地方事务的合作共治，为了实现来自不同权源权力的规范行使，为了实现各治理主体的求同存异、合作共治，营造良好的法治环境、建立良善的法治程序、确定明确的法律责任都不可或缺。同时，只有在法治的框架内，各利益主体才能真正实现自身利益的最大化。地方治理本质上就是运用法治思维和法治方式的依法治理。法治思维，简单地说，就是把合法性判断作为思考问题的前提，而法治方式，自然就可以理解为是具有合法性的方式。而该合法性包含形式合法性和实质合法性，即不但强调目的、权限、内容、程序、手段和结果的合法性，还强调它们的正当性。

地方治理创新是问题导向的，地方政府常常选择问题（矛盾）集中的领域为突破口，进行体制机制创新，以释放政府、市场和社会各方面的活力，协调各方利益关系和消解社会矛盾冲突。治理创新从某种意义上讲，就是修补原来的体制机制，甚至突破原来的体制机制，建设新的体制机制。但是，无论怎么创新，都不应逃逸于法治框架之外进行，法治国家要求地方治理创新坚持法治思维，以法治引领治理创新，通过创新立法为治理创新做出顶层设计、指示制度方向；同时，地方治理创新又常常是激活法律制度功能的试

验场，我国现行法律因各种原因，已制定出来的很多制度尚处于沉睡之中，制度内资源尚未用足用活，只要各地方根据自身条件，摸索和探求新的工作机制，定能为现有的法律制度转化为现代化的地方治理能力提供新的生长点。正因为此，法治为地方治理创新的持续推进提供保障和方向，地方治理创新又为法治发展增添新的制度要素。

地方治理创新与法治是分属于两个不同领域的范畴。地方治理创新面向事实或问题本身，奉行务实解决现实问题的进路，因而它是关于地方治理的经验性维度。由于地方治理创新注重解决问题的实效性，而不同发展阶段、不同社情民情，都会引发地方治理形势的具体变化，因此地方治理创新的重点任务和具体举措也会随之发生变化。如果说地方治理创新是地方治理的经验性维度，那么法治则是地方治理的规范性维度。地方治理的规范性维度内含两层意思：一是地方治理的目标应当是为了促成社会的规范有序状态，这种规范有序状态就是“法治”状态；二是地方治理的过程与手段应当符合法律规定，不得违背或超越“法治”要求，既包括所有的权威机构、立法、行政、司法及其他机构以及任何公民都要服从于法律规则，遵守法律规则的形式法治；又包括服从基于公正与人权保障精神的内在约束力的实质法治。法治作为地方治理的规范性维度，并不仅仅是一种理论描述，而且还有着充分的规范依据，例如，我国《宪法》第二条规定：“中华人民共和国的一切权力属于人民。人民行使国家权力的机关是全国人民代表大会和地方各级人民代表大会。人民依照法律规定，通过各种途径和形式，管理国家事务，管理经济和文化事业，管理社会事务。”依据该条规定，人民依照法律规定管理的各种事务，需要依照法律规定进行。这便是强调了地方治理的合法性或规范性。

二、地方治理创新与法治间的互动形态①

地方治理创新与法治之间的关联性，体现在地方治理创新与法治之间存在的几种互动形态中。地方治理创新由于其面对的社会实际问题总是处于流动变化中，无疑会与追求秩序、正义、稳定的法治之间形成三种互动形态：

（一）同向互动

同向互动指地方治理创新符合现有法律规则体系，而且可能是地方治理创新主动、积极地利用了现有法律规则体系，来加强对社会生活领域的管理与规制。“将法律作为地方治理的重要手段，要依据法律来化解社会矛盾纠纷”或者“法治是地方治理创新的保障”等观点，即体现了地方治理创新与法治之正关联的一面。由于中国特色社会主义法律体系已经形成，包括社会建设在内的各项社会主义建设事业均已有法可依，地方治理创新与法治之间通常会呈现同向关联状态。这在以政府为主推进地方治理创新的领域表现得更为突出。在“法治政府”框架下，法治既是政府公权力的合法来源，也构成政府行使公权力的制约规则，同时也成为政府进行地方治理和创新的支撑依据。

在这种状态下，地方治理创新与法治高度契合，法治既是构成地方治理创新的规范性框架，也是地方治理创新的“利用手段”；实施法治即意味着推行地方治理创新，而推进地方治理创新即意味着实现法治。一方面，法治为地方治理创新提供了制度支撑与保障；另一方面，法律制度的相应安排通过地方治理创新之实践得以贯彻与实施。地方治理创新因为有法治做保障而益发有力、有效，法治因为地方治理创新的实践而益发得到张扬。因而，在这种状

① 参见陈柳裕、宋小海：《地方治理创新与法治的内在关系及互动谱系——兼论实现地方治理创新与法治良性互动的路径》，《法治研究》，2012 年第 5 期。

态下，地方治理创新与法治之间是完全的良性互动。

（二）逆向互动

逆向互动指地方治理创新与现行法律规则体系产生冲突。地方治理创新与法治之间有时会呈现逆向关联状态，具有一定的必然性，其根源在于地方治理创新的流变性与法律的稳定性之间存在一定的张力。由于地方治理创新是面向社会问题本身的，社会问题又具有阶段性和变化性，基于务实的目标取向，地方治理创新需要政策具有针对性、随时应变性，而社会主义法律体系却具有相对统一性与稳定性，为此，地方治理创新与规则主义的法治之间难免会产生紧张与冲突。地方治理创新与法治之间的逆向关联状态，又可分为两种情形：其一，地方治理创新是符合形势发展客观需要的，符合科学发展观的要求，而既有的法律规定陈旧落后了；其二，地方治理创新举措是盲目的、非理性的，不符合科学发展观的要求，而既有法律制度则是合理的。

在这种状态下，地方治理创新与法治之间的互动情况较为复杂。在积极冲突的情形下，存在两种互动可能：一是符合形势发展的地方治理创新举措内在地推动滞后的法律规则及时改进与完善，这样既最终实现了地方治理创新，也推进了法治的发展；二是滞后的法律规则固守其稳定性，从而"保守"地限制了符合形势发展的地方治理创新，这样，无论地方治理还是法治都没有得到应有的创新与发展。在消极冲突场合，同样存在两种互动可能：一是非理性的地方治理创新粗暴地冲破了法治的界限，既极大地损害了法治的尊严与威信，也无法达到预期的良好的地方治理目的；二是法治以其强制力"管束"非理性的地方治理创新，既维护了法治尊严与威信，也避免了非理性的地方治理创新所可能带来的对社会良好秩序的破坏性后果。

三、地方治理创新与法治的良性互动①

地方治理创新的根本目的是维护社会秩序、促进社会和谐、保障人民安居乐业，为党和国家事业发展营造良好的社会环境。而法治秩序是最基本的、具有宪法效力的社会秩序，它既是国家政治秩序，也是国家经济建设、文化建设和社会建设的基本秩序。任何地方治理创新都应当通过法治化的方式进行，通过法治化实现理性地方治理创新，核心在于弘扬法治对地方治理创新举措的规范力。当然，地方治理创新以解决具体问题为导向，许多地方治理创新举措在性质上具有政策性和变动性，因而，不是所有的地方治理创新都可能完全还原为纯粹的法治秩序之实施；相反，许多地方治理创新都具有一定程度的自主性。但即便是具有自主性，也绝非意味着地方治理创新可以顺着自己的逻辑为所欲为，它必须在法治的框架范围内运行，它仍然受社会主义法治理念、宪法原则和精神的约束和规范。

同时，法治也应当通过地方治理创新的推动来得到发展与完善。当地方治理创新与法治之间存在逆向互动时，地方治理创新除在形式上不得逾越法律确定的范围、权限和程序等进行外，立法机关应当尽可能及时地评估相关法律规定，并按照具有进步意义的地方治理创新的要求，及时对陈旧的立法予以修改或废止，从而实现法律更新与法治发展。

① 参见陈柳裕、宋小海：《地方治理创新与法治的内在关系及互动谱系——兼论实现地方治理创新与法治良性互动的路径》，《法治研究》，2012 年第 5 期。

第二节 浙江地方治理创新与法治发展的先行性

一、地方治理创新的先发性

浙江省不仅经济发展位于全国前列，社会改革也是先人一步。经济社会发展的先行性意味着该地区具有由经济社会结构剧烈变化所带来的利益分化和社会矛盾的先发性，这就孕育了浙江地区以问题为导向，不断改革创新、探索解决矛盾、推进全面发展的压力和动力。浙江地区在经济社会治理领域的创新活动异常活跃，涌现出了许多在全国具有领先性、示范性的案例。

二、地方法治发展的先行性

由于浙江的地方治理创新追求以法治秩序为基本秩序的目标，同时，又注重法治对治理创新的规范和引导，因而，浙江地方治理创新与法治发展互相联动，彼此推动，形成了地方治理创新的先发性与法治发展的先行性并存的发展局面。

法治发展的先行性表现为这些方面：(1)地方立法的程序化、民主化、科学化以及本土化方面先行。法律还没有规定地方立法的听证制度、地方立法解释权的行使等现象，浙江地区先出现了，而且许多立法项目和内容也领先于全国的。(2)政府法治的许多实践也是走在全国前列的。政府比较自觉地自我约束权力，比如早在1996年，浙江省就制定了关于政府规章设定罚款限额的规定，规定规章对经营性行为设定的罚款在5万元以下，对非经营性行为设定的罚款在2000元以下，有效地维护了公民的合法权利。浙江省在国务院《全面推进依法行政实施纲要》颁布后率先实施依法行政考核制度，省政府专门制定了考核办法。浙江省政府围绕小康社会目标，制定的《公民权益依法保障行动计划》，在全国属于第一例。浙江省政府把土地征收审批纳入行政复议范围在全国也属领先。(3)许多司法机制创新和司法理念创新的探索也在全国先行一步。例如,浙江省高级人民法院进行执行改革,从2001年8月1日起试行执行裁决权与执行实施权两级法院分离,是全国最早的。

第三节 浙江地方治理创新与法治发展先行的条件

一、经济条件

近代以来,江浙地区的民营经济和商品经济呈现蓬勃发展之势,这就需要建立起维系商品经济和市场运作的一系列规则体系,商品经营者和市场参与者应受制于统一的规则体系。这些自生或自发的规则体系成为衡量人们行为妥当与否和交易公平与否的标准。缺少统一的法律规则,人们将失去赖以评价交易正当性的基础和依据,市场也将出现混乱而失去秩序。

法治的基础在于市场经济;市场经济天然是法治经济。浙江商人很早就意识到利益与规则并重的重要性,希望建立统一的规则体系和树立合理的契约精神保障商业交往的正当进行。这种浓烈的规则意识和契约精神推动了政府的制度创新和法制规则的形成,也自然而然地培育了政府和公民的法治意识和法治理念。概言之,浙江发达的民间资本催生的规则意识和契约精神是浙江地区法治先行的基础。

浙江发达的商品经济还让浙江商人意识到,在高度追逐利润的商品经济中,僵化地固守某一种模式无异于将自己推向了被淘汰的边缘,只有跟随市场需求和发展需要不断提高商品的质量,增加商品的种类,创新商业运作模式,才能在奉行优胜劣汰的商品经济中生存和壮大起来,因此浙江商人的创新意识十分浓厚。这种超强的创新意识,驱使浙江地区不满足于现有的经济品质和运行体制,乐于独辟蹊径探索其他人没有想到或者没有勇气尝试的路径或者事情。当这种尝试获得市场的良性反馈之后,他们就会逐渐将其作为新的事物或者规则确立下来。正是这种创新意识,推动着浙江地方治理持续创新和法治的先行发展。

二、文化条件

文化是指传统、语言和历史现象。文化条件,主要是依靠历史演进而自然形成的。浙江是一个商业和文化并重的地方,浙江地区不仅培育出了大批实业家,也培育出了很多思想家。浙江在历史上有许多著名的学派,也有许多著名的思想家。近现代以来浙江更是名人辈出,如有国学大师章太炎、王国维,教育家蔡元培,科学家茅以升、竺可桢、钱学森,更有鲁迅、陈望道、茅盾等一大批文化名人。这些学派和人物在中国文化史上有较高的地位,他们的思想、观点已经成为浙江的文化基因,形成了浙江特有的人文优势。浙江的文化基因孕育了浙江人敢为天下先、富于开拓创新的精神。

浙江人民的强烈创新意识,表现在他们既敢冒风险又讲求实际的性格上。浙江省各级政府都鼓励和推动人们勇于试验,倡导"非禁即可"的行事原则。浙江人在制度和政策需要变革但尚未变革的情形下,既不碰撞红线违反政策法规,也不消极等待上级政府制度和政策的供给,而是发挥聪明才智,采取政策变通的措施。正是浙江人这种文化性格催生了浙江经济奇迹的出现;正是这种文化条件,催生了浙江制度创新的活跃景象。

三、地理环境条件

浙江地方治理创新与法治发展的先行性也与浙江所处的地理环境分不开。正如孟德斯鸠在《论法的精神》中所揭示的,地理环境和气候对于法律形成有着重要影响。浙江多山地和丘陵,无成片的平原,多是条条块块的耕地,耕地数量的不足迫使人们必须想方设法提高农作物的产量或者寻求其他更好的谋生手段,创新意识在此过程中起着至关重要的作用。同时,浙江位于海洋文化圈中,具有易受外来影响、兼容并蓄的开放而自由的海洋文化圈品格。浙江理论界乐于敞开怀抱,吸收和撷取域外的法治精髓,以开放的胸襟接受多元的法治思想。

浙江省七山二水一分田,人均耕地面积不及全国人均量一半,资源匮乏。然而,改革开放30多年来,这一地处东南沿海的资源小省却如火山爆发,改革活力喷涌而出,创造了全世界为之惊叹的经济发展奇迹。全国民营企业国际竞争力50强中,浙江占25席;中国民营企业500强中,浙江占144席,均居全国首位。

创新意识和自由开放的精神驱使浙江地方治理持续创新与法治发展。地方治理创新与法治发展不断增长的态势,持续地影响着中国治理能力和法治的现代化进程。

第三章 浙江地方治理与依法执政

法治建设是中国共产党科学执政、民主执政、依法执政的根本要求。依法治国是中国共产党领导人民治理国家的基本方略，党既领导人民制定宪法和法律，也领导人民实施宪法和法律，维护中国特色社会主义法治是坚持党的领导的重要体现。坚持中国共产党的领导是建设中国特色社会主义法治国家的根本保证，是社会主义民主的内在要求。只有坚持党的领导，才能不断推进和完善社会主义民主和法治。因此，在各地方实施法治建设的过程中必须加强，而不是削弱党委对法治建设的领导。浙江省在推进“法治宁波”建设的过程中十分注重加强党委的领导。

第一节 “依法执政”的实践与成效览要

一、“依法执政”的实践概要

法治浙江建设，必须坚持党的领导。执政党的法治思维水平和依法治理能力的高低，运用法治方式治理的善与否，是决定治理体系和治理能力现代化程度的核心和关键。浙江省各级党委要善于提高法治思维水平和依法治理能力，善于运用法治方式治理社会。习近平主政浙江的时候，反复强调建设法治浙江必须强化党的意识、执政意识、政权意识，坚持党的领导、人民当家做主和依法治国的有机统一，确保广大党员干部在宪法和法律的范围内活动，不断提高依法执政的能力和水平。

在推进法治浙江进程中，浙江省认真学习贯彻落实习近平指示精神，不断完善党的领导体制，改进党的领导方式和执政方式。

完善了省委议事规则，出台了推进科学民主依法决策的文件，健全了议事决策机制，把调查研究、征求意见、决策咨询和集体讨论决定作为党委重大决策的必要程序，不断提高依法执政水平。浙江省重视党内法规制度建设和改革，依法加强对权力的制约监督。从1988年台州市椒江区试点开始，浙江省试行党代会常任制已有26年的历史，目前，全省已有901个乡镇全面推行乡镇党代会年会制。浙江探索的党代表提案制和乡镇党代会年会制，写入了党的十八大报告。浙江省不断推进和完善党内基层民主制度，杭州市社区党组织“公推直选”制度对省内外推进党内民主，从而带动人民民主起着示范作用。嘉善县是全国唯一的县域科学发展示范点，注重对县委特别是“一把手”权力的监督，建成了职权目录清单、风险防控清单和权力运行流程清单等“三份清单”，被称为权力公开监督的“嘉善样本”。

二、“依法执政”的成效概要

在习近平重要论述指导下，浙江省努力追求依法执政，法治化水平不断提高，依法执政能力不断提升，逐步形成了党委领导、服务大局、循序渐进、强化基础、法治为民的“浙江经验”。

(1)党委领导。党委总揽全局、协调各方是推进法治浙江建设的根本保证。省委建设法治浙江工作领导小组由省委书记担任组长，省长、省委副书记、省政协主席、省人大常委会常务副主任担任副组长，牵头抓总，听取汇报，研究问题，确定重点，确保法治浙江建设的正确方向。领导小组在省委办公厅设立办公室，由省委办公厅主任兼任法治办主任，负责组织协调、考核监督、创建考评等工作。

(2)服务大局。浙江省坚持把服务大局作为法治建设的重要使命，坚持以法治思维和法治方式治理经济社会发展中的新情况新问题，近年来，围绕“三改一拆”“五水共治”“四边三化”等省委中心任务，引导正确处理服务大局与依法执政、依法行政、公正司法的关系，为经济社会发展提供了坚强法治保障。

(3)循序渐进。浙江既着眼长远,又立足省情,主动把做得到的事情积极做好、做出实效,法治建设多项工作走在全国前列:率先举行地方性立法公民听证会,率先出台法治政府建设纲要,率先发布县域“法治指数”,率先推行“阳光司法”指数测评,率先在全省所有行政村设立村委监督委员会……

(4)强化基础。从2009年开始,浙江省连续三年专题部署,出台文件,固本强基,强化法治浙江基层基础建设,扎实推进乡镇行政执法体制改革,总结推广“参与式预算”“实事工程代表票决制”等新做法,推动法治浙江建设工作向基层延伸。

(5)法治为民。浙江省把解决人民群众最关心的问题,作为推进法治浙江建设的落脚点,在全国率先实施公民权益依法保障行动计划,把宪法、法律赋予公民的法定权利一步步落实到位。普法、律师进社区、村村配备法律顾问等载体为公民提供了便捷的法律服务,增强了干部群众的法治意识,依法维权、依法解决矛盾纠纷已成为许多公民的习惯做法。

第二节　党内民主的实践

法治建设是中国共产党科学执政、民主执政、依法执政的根本要求。依法治国是中国共产党领导人民治理国家的基本方略,党既领导人民制定宪法和法律,也领导人民实施宪法和法律,维护中国特色社会主义法治是坚持党的领导的重要体现。坚持中国共产党的领导是建设中国特色社会主义法治国家的根本保证,是社会主义民主的内在要求。只有坚持党的领导,才能不断推进和完善社会主义民主和法治。

有序推进党内民主建设,健全权力监督体系是加强党委对法治建设领导必经之路。在中国,一个地方的法治建设是否成功,与当地党委的领导是否坚强有力有密切的关系。为此,浙江各地各级党委健全了党委会议事规则和决策程序,完善了党委讨论决定重大问题和任用重要干部票决制,进一步落实了常委会向全委会定期报告工作并接受监督制度。与此同时，按照民主集中制原则，着力完善党的代表大会代表任期制，建立健全代表提案、例会、述职评议等制度，全面推行乡镇党的代表大会常任制，在有条件的地方开展县(市、区)党的代表大会常任制试点；探索实行基层社区党组织公推直选制度，提高选举竞争的激烈程度；健全党内民主议事决策机制，推行党员首议制、提案制、票决制，拓宽了党员参与民主决策的途径。下面择取各地区的典型案例进行样本分析，以了解各创新性制度的运行机理及其示范价值。

一、竞争性选举制：杭州市社区党组织的公推直选

“公推直选”是中国共产党在新形势下扩大基层党内民主的重大创举。党的十七大和十七届四中明确提出要“改革党内选举制度，改进候选人提名制度和选举方式，逐步扩大基层党组织领导班子直接选举范围”。在这一思想的指导下，杭州市自 2008 年以来，在多个层面开展了“公推直选”试点，积累了比较成熟的经验。以此为基础，杭州市抓住社区党组织换届契机，于 2010 年 3 月至 6 月在 515 个社区换届选举中广泛采取“公推直选”的方式产生了新一届社区党组织领导班子。“公推直选”采用率达换届社区的 88%，其社区分布之广、探索力度之大，在全省乃至全国都不多见。总结这一大规模的创新实践活动的工作经验，不但有利于推进和完善杭州市党内基层民主建设，同时也可为其他城市社区换届选举提供示范样本。

(一)“公推直选”制度运行的概况

“公推直选”是由党员和群众公开推荐党组织班子成员候选人，在全体党员大会上直接差额选举产生党组织书记及班子其他成员的选举方式。作为改革和完善党内选举制度的一种新探索，它既是一项体现改革创新精神的新事物，又是一个比较复杂的政治运作过程。其运作过程由以下几个环节构成：

1.广泛宣传

为增强“公推直选”的吸引力和确保“公推直选”工作积极稳妥、有序可控，首先，杭州市选取不同类型、不同规模、不同社情的65个社区开展党组织换届“公推直选”的试点，并组织每个换届社区的工作人员到试点社区观摩选举，为“公推直选”全面铺开提供了经验。其次，全方位开展社区党组织班子情况的调查摸底，掌握换届社区党员群众的思想动态，并结合调查情况，制定详细的工作方案①，探索确定可操作的具体模式。再次，运用多种宣传手段和舆论工具广泛宣传，动员选举。各级党组织充分利用广播、会议、标语、党务公开栏等向党员、群众广泛深入宣传“公推直选”的目的意义、方法步骤和任职条件。广大党员、群众深刻认识到“公推直选”的重大意义和每一阶段的具体要求，增强了参加选举的自觉性和做好换届选举工作的责任感，参与“公推直选”的热情空前高涨。

2.公开推荐候选人

“公推直选”坚持公开、公平、公正和竞争、择优原则，对候选人初始人选的资格设置了限制性条件，严格把握了由党员和群众推荐候选人的环节。大部分社区各组织各级党代表、人大代表和政协委员、群众组织代表和辖区单位党组织代表等对提名候选人进行民主测评和信任投票。有的试点社区组织了全体党员对党组织候选人进行“海推”。滨江区对候选人初始人选的资格提出5项限制性条件，在候选人资格条件审查中，采取了组织、纪检、信访、计生、派出所等多部门的“联审”。在此基础上，各社区根据推荐结

---

① 例如，杭州市委组织部制定了《杭州市2010年社区党组织换届“公推直选”工作方案》，对社区党组织换届“公推直选”工作的指导思想、基本原则、换届范围、方法步骤、时间要求和主要目标任务进行了明确，要求各试点社区按照制定方案、宣传发动、自愿报名、资格审查、公开推荐、组织考察、差额提名、公开竞职、直接选举、新当选书记讲话和街道党委批复等十一个步骤来进行。各区（县）委制定和下发了《“公推直选”社区党组织班子成员试点工作实施方案》，并制定了选举大会的会议议程、选举办法、主持词和选票样式等下发到各社区党组织。

果，提出候选人初步人选，提交上级党组织进行资格审查。

3. 直接选举

"公推直选"的最大特点就是由党员直接选举，差额产生委员和书记，从而改变了以往选举先选出委员，再从委员中等额选出书记的方式。在具体操作中，杭州市严格按照党章和相关文件规定，结合社区实际，积极探索多种直选方式。一种是分两轮进行，第一轮差额选举产生党组织书记，第二轮差额选举产生党组织班子其他成员。书记差额至少为1名，班子其他成员差额比例不低于20%。二是一轮选举，以带职或不带职方式差额产生党组织书记和其他成员。这种方式具体又可分为三种类型：一种是"有候选人不定职位直选"的选举方式，即采取一次性选举的方法，在所有候选人中直接选举产生书记、副书记、委员。二是"有候选人定职位直选"的选举方式，即采取两次选举的方法，可以"先选书记，再选委员"，也可以"先选委员，再选书记"。三是"无候选人直选"的选举方式，即经党员自荐、党员群众联名推荐和党组织推荐产生参选人，选票上不列候选人，党员根据本人意愿，可以选举参选人，也可以另选其他符合条件的正式党员，直接以按职位填空的形式，选举产生党组织书记、副书记和委员。

（二）"公推直选"制度的创新要点

1. 严格公推程序，提高民主程度

首先，创新推荐方式，扩大推荐主体范围。除原有的党组织推荐、党员联名推荐外，杭州市通过探索增加了群众联名推荐、党员个人自荐和群团组织推荐，广泛发动社区党员、社区工作者、居民群众以及"两代表一委员"、辖区单位负责人参与候选人推荐工作，变"自上而下"单向提名为"自下而上、上下结合"共同提名。在第一轮民主推荐时，候选人全部由党员和群众推荐，党组织只是将社区组织领导班子的职位、任职条件在全社区范围内进行公告，不搞任何内定，淡化"组织意图"，充分体现党员、群众的意愿。其次，扩大民主推荐对象，提高竞争程度。"公推直选"的对象除社区居民党员外，还动员把组织关系迁入社区的大学生“村官”、物管公司工作人员、社区民警、挂职机关干部等各个层面符合条件的优秀党员推荐为候选人，从而推动那些具有较强基层工作能力和丰富基层工作经验的党员干部以及有志为居民群众服务的新生代力量参与竞争，提高“公推直选”竞争的激烈程度。

2.建立筛选机制，确保优中选优

一方面，由党组织对初步候选人资格进行把关，防止“海选”无序化。待全体党员和群众代表民主推荐产生初步候选人后，上级党组织再根据任职条件，对这些初步候选人进行资格审查，通过广泛征求纪检、信访、计生、公安等部门意见，将近年来受过党纪政纪处分、违反法律法规被立案查处、组织或参与群体性非正常上访等人员列为不符合条件的人选，确保候选人素质。这样定向把关，择优提名，确保了党组织班子成员候选人的产生更加广泛地反映了党员群众的意愿，有效落实了广大群众对干部选拔任用的知情权、参与权、选择权和监督权，在扩大群众参与上实现了新的突破。党组织的资格审查环节，既可避免民主选举的形式化，又可避免“海选”的无序化。另一方面，增加民主测评的环节，提高了选举结果公信力。组织群众代表和党员代表、辖区单位党组织代表以及人大代表和政协委员等对提名候选人进行民主测评和信任投票，在结果运用上，把民主测评和信任投票结果作为确定预备人选的重要依据，主要采取两种方式：一是根据岗位职数，按照一定比例对得票低的人选实现直接淘汰；二是把得票数作为一项指标，结合党委考察情况，综合分析后实行淘汰，从而避免了“暗箱操作”，增加了选举结果的公信力，充分尊重了党员群众的意见和民主选择权利。

3.创新选举方式，实行直接选举

直接选举是民主程度提高的重要标志。各社区因地制宜，根据自身特点选择不同直接选举类型。候选人均按规范程序发表竞职演说，大部分社区设置了党员对候选人现场质询的环节。新书记产生后，要对广大党员和群众做任职承诺，方便使其工作思路置于群众的监督之下，任期目标纳入上级组织的考核之中，保证对上负责和对下负责的统一。同时，为更好地保障党员的民主权利，在“公推直选”的正式选举阶段，对参选人介绍的具体方式方法进行了改革创新，各社区开展了三种形式的“亮相”介绍，以增进党员群众对候选人的了解：一是“对号入座”式亮相，二是“沟通宣传”式亮相，三是“优胜劣汰”式亮相，确保党员、群众对候选人的全面认识和了解。直接选举提高了选举竞争的激烈程度，有利于克服任何形式的内定和淡化“组织意图”，充分体现了党员、群众的意愿。

4.加强民主监督，确保选举公平公正

“公推直选”社区党组织班子成员，目的在于充分发扬党内民主，尊重和维护党员的主体地位，把群众信任、党员拥护的人选拔到社区党组织领导岗位上来。因此，开展“公推直选”，最重要的是要相信人民群众，依靠广大党员，切实体现民主，充分实现民主。杭州市在“公推直选”中，一方面，实行过程全面公开，始终坚持阳光操作，不仅公开职位、条件、程序和方法，公开进行民主推荐，实行候选人全方位公示，公开组织演讲答辩，而且公开唱票、计票，当场公布选举结果，使选举的全过程完全置于党员群众的监督之下；另一方面，强化纪律保障，确保选举公正。普遍制定了换届选举纪律规定，防止拉票贿选，聘请人大代表、政协代表、离退休老同志、高校法律专业教师、律师、党员代表和社区居民代表担任选举观察员，对选举进行全程观察和监督，及时向街道和有关部门反映选举过程中出现的问题，提出意见、建议。

（三）“公推直选”制度的经验与示范价值

2010年杭州市在推进社区党组织“公推直选”制度创新中，在“推”与“选”的程序、方式、渠道、来源诸方面都有创新突破。这些创新突破既推进了基层党内民主制度的完善，又带动了人民基层民主化进程。公推直选的制度价值已从党内民主领域延伸到整个基层民主领域，从选举的形式民主环节转向选举的过程民主环节，从选举的民主维度拓展为治理的民主维度。

1."公推直选"有利于完善党内民主

民主选举制度是党内民主发展程度的重要标志。"公推直选"从民主推荐、资格审核、民主测评、候选人公示,到竞职承诺、现场答辩、投票直接选举产生书记、副书记和委员,广大党员始终是参与的主体,切实增强了党员的民主意识和权利意识,不仅实现了党员的选举权和被选举权,也推动了党员知情权、参与权和监督权的落实,使党员行使民主权利的主动性和积极性得到极大激发。很多党员十分珍视自己的民主权利,主动克服各种困难,坚持准时参加选举大会,投好自己手中的神圣一票。"公推直选"是对党内直接选举、党员良性参选和群众有序参与的党内选举机制的创新。2010 年杭州市社区党组织环节选举民主程度的提高不仅体现在量的提升,更体现在质的发展。

从量的提升方面来说,绝大部分社区的换届以"公推直选"的方式实现,全市 589 个社区党组织换届,有 515 个社区采取了以"组织推荐、党员推荐、群众推荐和个人自荐"方式产生社区党组织领导班子成员候选人,占换届社区总数的 87.4%。与此同时,差额比例有所增加,从公推到直选,许多关键环节都实行了差额(即差额推荐、差额考察、差额票决、差额选举),推荐产生候选人初步人选 6878 名,其中班子成员候选人初步人选与岗位职数比为 2.7∶1,书记候选人初步人选与党委职数比为 6.5∶1。报名者中自荐和推荐的比例也有所提高,全市试点社区共有 1098 人经自荐和推荐报名参与竞选;下城区王马社区有 900 余名党员群众参与了推荐工作,其中群众有 300 余名,占推荐人数的 1/3。

从质的发展来说,杭州市社区党组织"公推直选"整个过程中诸多环节所涉及对象范围较以往都有所扩展。首先,从选举的客体而言,各社区在保证候选者质量的条件下放宽了部分资格要求,甚至通过制度调整将一些有能力的合格党员纳入到参选者队伍中来,增加了选举的竞争性;其次,从选举的主体而言,在提名推荐、候选人名额筛选等环节中,不仅全体党员有发言权,而且社区各级党代表、人大代表和政协委员、群众组织代表,部分社区单位党组织代表、社区历任老领导也都参与其中。由此，更多的党员和群众都有机会投入到社区党组织的换届选举中，参与对象范围的增大无疑增加了这次“公推直选”的民主成分；最后，从民主参与的领域而言，将党员、群众在公推直选中的民主参与从以往的投票环节扩展到提名推荐、候选人名额筛选、候选人竞选问答、投票监督等多个环节中，由此，较之于以往的公推直选，党员群众本次的民主参与成分贯彻了整个推选的过程中，因此有了较大程度的提高。

“公推直选”制度改变了以往干部委任制只关注党的控制权而虚化公众的选择权的弊病，开启了公开、竞争性的民主选举。党员在这一过程中的主体地位能得到更充分保障。

2.“公推直选”有利于推进人民民主

“公推直选”创造了以党内民主带动人民民主的实践形式。中国共产党的领导地位使其本身的民主建设对中国民主政治发展影响深远。“十七大”提出“以党内民主带动人民民主”使“发展党内民主”从党建的原则和目标变为人民民主的途径和手段，突破政党内部党建领域而跃升至整个国家民主建设的战略途径。党内选举是党内民主的起点和基石，也是衡量党内民主发展程度的重要标志。“公推直选”作为党内基层民主建设中一种新的选举民主模式，已从农村到城市，从村民委员会到社区居委会、机关、企业、学校，成为研究“以党内民主带动人民民主”实现机制的最好切入点。因此杭州市此次社区党组织换届中“公推直选”的创新实践不仅使其成为党内基层民主的经验积累，同时也使其成为城市基层民主的创新实践地。

杭州市社区党组织“公推直选”推动人民民主的具体机制主要包括四个方面：首先，它丰富了推荐环节，吸纳民众参与党内选举，培养其民主意识。实行“公推直选”的过程中，不仅激活了党员的积极性，更将群众作为推荐来源之一。全市共有 42198 名社区群众参与了推荐。鲜活的民主选举实践，彰显了党员及群众的主体地位，使党员和群众加深了对民主政治的亲身体验，锻炼了参政议政能力，激发了其自豪感和责任感，以及民主参与的积极性、主动性和创造性，为社区基层民主注入了新的生机和活力。其次，它为多重媒体宣传，扩散民主教育至党外，实现政治社会化。由于大规模实行社区党组织班子“公推直选”在杭州还是第一次。杭州市各社区通过多种方式进行宣传发动，形成正确舆论导向，使广大党员和群众了解“公推直选”的目的、意义、程序、办法和要求，思想得到了解放，认识得到了统一，信心得以提升，积极参与到这项工作上来，从而取得了良好效果。再次，推动党员群众广泛参加的民主参与机制的构建。加快推进党务公开，完善党内情况通报制度，健全居务公开、民主听证、社区重大事项征求意见等制度，为全体党员和居民创造更多发表意见和民主参与的平台。最后，推动公开透明的民主决策机制的构建。建立健全党员议事会、居民议政会、民主恳谈会，开展决策者与居民党员的协商对话，既实现了社区决策民主化、规范化，又使执行决策有了更广泛的群众基础，同时也推进了党员群众双向互动的民主监督机制的构建。建立完善党组织及其成员定期向全体党员居民代表述职并接受评议制度，建立党内罢免撤换制度，完善广大居民参与的民主评议制度，努力使党组织及其成员置于广大党员群众的监督、督促和约束之下。

总之，深入推进“公推直选”，不断扩大其输出效应，探索基层党内民主与居民自治的双向互动和有机连接机制，能使党内民主与人民民主在实践中相得益彰。

3.“公推直选”有助于促进民主治理的现代化

坚持和完善党的领导是我国社会治理的重要特征和基本内涵。坚持党的领导的首要环节是要健全党的组织领导方式，创新党管干部的实现形式。传统党管干部的原则，主要通过党组织直接任命干部的方式来实现，这产生于革命战争年代所处的严峻环境和计划经济时期高度集中的政治经济体制。而新的历史条件下，市场经济的发展和民主政治建设的推进，促使基层党组织班子成员的产生由任命制转为间接选举方式。“公推直选”丰富和发展了党管干部原则，赋予了党员对党组织班子成员人选的最终决定权。这是在坚持党管干部原则的基础上，改变了其具体的实现方式，充分实现了党组织意图与党员群众意愿的有机统一。同时，“公推直选”是用现代民主政治最为认可和倡导的方式及严密程序，赋予基层党组织以政治合法性，其实践价值在于基本理顺了基层党组织班子的权力授受关系。党员直接选举负责人，选举结果充分体现了党员的意志；班子成员有深厚的群众基础，其工作容易得到党员群众的认同和支持，基层党组织在工作开展中也能更加关注党员群众的言行，研究他们的问题，充分考虑党员群众的利益诉求，这为构建以基层党组织为核心的社区治理新格局奠定了坚实的执政基础。

“公推直选”因拓宽了选举对象而使选举产生的领导班子成员结构多元化，这又推动着社区治理模式民主化。社区民警、大学生村官、物业公司或业委会成员、辖区单位党组织负责人和“两新”组织党员骨干等社区党员人才经过民主选举进入社区党组织班子后，改变了原先社区党组织与其他社区单位的指导及合作模式，加大制度创新，实现社区党组织与社区各机构的契合，确保党组织领导社区建设的合法性，间接推动了社区自治的民主化，同时也提高了社区党组织整合辖区资源、服务居民群众的能力。

二、党代会常任制：椒江模式

“党代会常任制”是在党的八大上正式提出并开始试行的，经过党的十六大、十七大的改革探索，县（市、区）党组织积极试点，逐步形成了各具特色的“党代会常任制”运行模式。党的十八大报告进一步指出，要“落实和完善党的代表大会代表任期制，试行乡镇党代会年会制，深化县（市、区）党代会常任制试点，实行党代会代表提案制”。在社会结构和活动方式日益多样化的条件下，地方党委通过党代会常任制改革来整合政党与社会，有助于更好地发挥地方党代表大会的作用，扩大党员在党内的民主权利，改善地方党委的执政方式和提高党的执政水平。

（一）椒江区党代会常任制的基本实践

中国共产党党内民主是激发党内活力、提高执政能力的重要保证，是党的生命源泉。从1988年12月开始，浙江省台州市椒江区被中央组织部列入全国第一轮试点单位，率先开展党代会常任制的改革实践，至2003年1月转为正式实施。经过多年的探索与实践，椒江区构建了一套特色鲜明、运作规范的党代会常任制的制度体系和运行机制，形成了大会年会制、党代表常任制和代表联系党员制度等为主要内容的"椒江模式"，使党代表的"代表性功能和制度性功能"更加凸显，成为改革开展时间最早、坚持时间最长、效果比较好的一个试点单位。椒江区党代会常任制的主要实践内容包括：

1. 试行党代会年会制

党代会年会制改5年召开一次党代会为每年至少召开一次党代会。年会的主要议程是听取和审议区"两委"的年度工作报告，选举区"两委"领导班子，听取人大、政府和政协党组的工作汇报，讨论和决定本区政治、经济、文化和社会发展的重大事项，提出质询和参加民主听证等。党代会年会安排在每年"两会"之前，一般在年初召开，形成的决议或决定由党委组织实施。

2. 党代表资格与党的代表大会任期相同

试行党代会常任制当选党代表之后，党代表资格与党的代表大会任期相同，从根本上改变了过去的代表"五年开次会，会期三五天，散会靠一边"的状况。由此又衍生出了相配套的制度创新：一是改进代表产生方式，减少代表名额，划小选区，三种候选人提名方式（选举单位党员直接提名、届别推荐和区委直接提名）相结合，直接产生代表。党代表全部由竞争性差额选举产生。二是建立代表动态管理制度，若发生违法乱纪事件，将终止代表资格。

3. 实行代表联系党员群众的工作机制

近年以来，该区不断完善、建立与党代会常任制相关的各项具体办法，让党代表们闭会期间不闭言。至2013年为止，椒江区建立了代表团工作室、党代表个人工作室和党代表网络工作室共87个，建点领域从农村、社区向学校、产业会聚区、新社会组织等拓展延伸。党代表个人工作室一律依照"有标志、有形象、有制度、有规划、有台账”的“五有”要求建立，并且要公开工作内容、项目负责人等，接受群众监督。

椒江区建立“党代表网络工作室”，辖区居民只要点点鼠标，就能向任何一位党代表反映情况。而作为一位党代表，上网查看代表专用信箱，成了每天必做的一件事情。基层党员群众通过代表工作室、网络工作室等途径能“天天见到”党代表，党代表也仿佛有了“千里眼”和“顺风耳”，可以 24 小时在线受理群众诉求。党代表工作室成为党代表接近和了解群众、促进各类民生问题解决的渠道之一，①也是促进党代表履职常态化的重要平台。

4. 建立党代表提案制度

在 2013 年初的椒江区八届二次党代会上，10 多名党代表联名提交了《关于小区绿化带改建停车位的提案》。随后，党员领导干部领办督办重点提案制度启动，该提案被定为重点提案，由副区长蔡永岳领办。在蔡永岳的牵头协调下，该区及时组织召开现场会，并举行社区居民公决，通过了改造绿化带增加停车位的方案。先后投入 850 万元对云西、橘园等小区进行改造，新增停车位 600 多个，有效缓解了停车难问题。

在此基础上，该区完善网上提案办理系统，实施提案办理跟踪问效和满意度测评，全程跟踪督查提案办理情况。同时实行提案办理通报制度，对无故延期答复、答复不规范、代表反馈答复不满意的承办单位进行通报，限期落实整改。协调机制的建立大大地提高了办事效率，例如 2013 年，区领导领办的 11 件重点提案全面完成，督办的 60 件提案办结回复率达 100%，代表的积极性明显提升。

5. 实行党代表约谈制度

相对一年一提的提案，党代表约谈制度让“为民解忧”变得更加直接、更加灵活。简单地说，居民有问题可以向党代表或者党代表工作室反映，由党代表约请相关部分负责人，邀请问题反映人配

---

① 例如在 2013 年不足 1 年的时间里，全区党代表就联系了重点项目 98 个，领办实事 460 件，欢迎党员群众 3562 人次，组团办事 81 场次。

合参加，以“三方面议”的形式，协商解决问题。在后续的办理过程当中，区常任办会同区委督查室，按期对相关职能单位开展专项督查，确保“事事有着落、件件有回音”。

例如，洪家东部区块南北走向仅有一条洪三路，交通异常拥挤。早在2002年，修建连通洪三路的环城东路，就已被列入当地规划。可是由于拆迁、规划更改等历史原因，路还没修完就被阻断，留下了未接通的500米。就这500米，断了10年！终于，在2013年6月份的党代表现场询问会上，时任洪家街道鸿洲社区党支部书记张兴法把这一问题提了出来。负责领办该提案的洪家街道办事处副主任陈祝方当场立下了“年底完工”的许诺。当年年底该工程就已建成通车。

6.建立党代表监督制度

现在，椒江区赋予党代表更多的知情权、参与权、建议权和质询权。通过党代表列席会、听证会、质询会、查询拜访会、评议会等形式，包管权力延伸到哪里，党代表监督便跟到哪里。近年来，每年该区党代表就重点工程建设、代表提案办理，以及围绕党代会“两委”报告、经济社会发展等基层党员群众普遍关注的问题，得开展20—30次专题询问活动，涉及询问事项50个以上。

同时，区党代表询问活动还被列入党建工作考核，重点考核答复办理情况和满意度测评结果，确保询问答复有效落实。近两年以来，党代表询问事项答复满意率为100%，解决了一批群众关心的热点难点问题。

（二）椒江区党代会常任制实践的效果

1.密切了党群关系

椒江区在试行党代会常任制过程中，通过委员联系代表、代表联系党员、党员联系群众，建立起畅通有序的信息传递渠道和利益表达渠道。在党内，党员的意见和呼声可以及时传递，在党外，群众的所急所盼也能迅速为党组织所掌握。这样，就消除了党委决策与公共需求脱节的矛盾，实现了“民有所呼，党有所应”。由于党代会常任制中代表资格实行任期制，党代表与广大党员和群众之间的联系和沟通明显增强，代表已成为上情下达、下情上达的桥梁与纽带，帮助党及时掌握和解决群众的实际困难，消除社会矛盾，既有利于党内和谐，也促进了社会和谐。

2.激活了党代会的活力

椒江区探索实行的党代会"年会制"使党代会告别"一月选举、一周开会、五年沉睡"的历史，其党内最高权力机关、监督机关、决策机关职能得到切实体现。椒江区将"议事"与"议人"作为党代会"年会"的两大内容。"议事"主要是听取和审议区委、区纪委的年度工作报告，以及政府、人大、政协党组的年度工作报告，听取上一次"年会"决议事项的落实情况，听取党代表建议、意见办理情况等。"议人"主要是选举出席上级党代会的代表，对届内新增的区委委员、纪委委员票决追认，对区委、区纪委，及区委委员、区纪委委员进行民主测评。

此外，椒江区党代会"年会"还要讨论和决定本地区政治、经济、文化、社会发展的重大问题，并做出决定和决议。据统计，实施"年会制"以来，椒江区党代会上先后做出了《关于进一步加强和改进党的建设的决定》《关于进一步加强党的执政能力建设的决定》等8个重要决定。

3.推动了"以制治党"

椒江区试行党代会常任制以来，通过不断的制度创新，探索出新形势下发展党内民主、加强党内监督的新机制，完善了区委议事和决策机制，充分发挥了区委全委会在党代会闭会期间的领导职能，以民主决策推动科学发展。尽管椒江区换了好几任区委书记，但涉及经济和社会发展的重大决策并没有出现"张书记画图李书记改"，关键就是通过党代会常任制建立起党委集体决策制度化体系，初步实现了从"以人治党"向"以制治党"转变。椒江区自1988年实行党代会常任制以来，经济一直处于高速增长期。在经济高速增长期内，领导干部决策容易急躁冒进。但椒江区自实行党代会常任制以来，从未发生领导干部"拍脑袋决策"的典型事件。

4.带来了党政清明形象

椒江区试行党代会常任制以来，由于建立了多层面、立体式的党内监督制度和制约体系，上到区委书记、区委常委，下到区委委员、区党代表，都被置于不同的监督制度之下。在这样的党内监督体系下，党员领导干部民主生活会也面貌一新，一改以往流于形式，甚至开闭门会的局面，成为党员群众真枪真刀批评领导干部的舞台。试行党代会常任制以来，椒江区委每次召开区级党员领导干部民主生活会时，都要提前一个月发送“征求意见表”。民主监督带来了党内政治清明、政府形象良好的新气象。

（三）椒江区党代会常任制实践的经验与启示

椒江区经过多年的探索与实践，党代会常任制已搭建起了党内制度体系构架，探索出了一条具有自己特色的党内民主制度改革之路，其对其他地区的借鉴意义与启示在于：

1.党的坚强领导是党代会常任制实践成功的根本保证和动力

党的坚强领导和有力推动是党代会常任制改革工作取得胜利的根本保证。共产党的组织化推动是椒江区党代会常任制改革推行的根本动力。在党代会常任制改革过程中，台州市椒江区等各级党委领导表现出非常可贵的勇气和决心，他们是党代会常任制改革工作的设计者、推动者和支持者。椒江区党代会常任制改革和试点工作取得辉煌成就是一些党内的优秀干部在所领导的地方积极作为、不断探索和进取的结果。

2.市场经济的充分发育是党内民主创新的外部条件和动力源泉

随着市场经济的逐步发展，市场发育及市场经济所蕴含的自由、公平、法治精神逐渐地嵌入人们的心中，溶化和渗透在人们的血液中，内化在社会成员的行动中。发育良好的市场化经济模式促成利益多元格局的形成和公民社会的孕育，为台州社会民主的发展创造了坚实的基础条件。人们依靠自己的智慧创造了“民主恳谈”“村民决策五步法”“村民监督委员会”“村务大事公决”“重大事务群众全程参与”等民主运作机制。丰富的民主实践经验和民主法制精神促使党对在台州的工作机制做出适度的调整和改革，从外部为党内民主政治建设和党代会常任制的改革提供了动力源泉。

3. 民主政治的文化传统是地区制度创新的重要条件

台州源远流长的历史积淀形成了其民主政治的传统，独特的山水文化孕育了其特有的民主政治基础。台州人民具有“敢于天下先”的文化性格品性和强烈的创新意识，既敢冒风险又讲求实际，墨守成规不是台州人的性格。台州市各级政府鼓励和推动人们勇于试验，倡导“非禁即可”的行事原则。台州人在制度和政策需要变革但尚未变革的情形下，既不碰撞红线违反政策法规，也不消极等待上级政府制度和政策的供给，而是发挥聪明才智，采取政策变通的措施。

三、重大决策的党代表票决制：宁海样本①

重大事项代表票决制指的是，党代会年会上，在决定党的重大事项时，实行党代表一人一票，进行无记名投票表决，让党代表既有权表达自己的意见，又能平等地行使自己一票的权利，最后得票数超过法定票数，或得票数按差额比例排名集中靠前的重大事项代表方案获得通过，形成决议并当场公布的一种党内决策的制度安排。党代会是党的最高决策机关和监督机关，党代表通过一年一次的年会行使权利和职责，重大事项代表票决制将重大事项的决策权下移到党代表，实现党代表主体作用的有效发挥。

（一）重大事项代表票决制的提出

胡锦涛在党的十七大会议上提出“推行地方党委讨论决定重

---

①　这部分内容由本人指导的2012级公共管理专业硕士研究生孙敏撰写，本人略做改动。参见孙敏：《宁波宁海县党委重大事项代表票决制研究》，宁波大学公共管理专业硕士2014年学位论文。

大事项票决制”，之后党的十八大提出“试行乡镇党代会年会制”，年会期间，党代表讨论决定重大事项实行党代表票决制，这不仅是政治民主意识的合理诉求，也是民主政治实践的内在要求。重大事项票决制的提出与党代表任期制改革密不可分，2008 年 7 月 16 日，新华社公布了中共中央印发的中发〔2008〕8 号《中国共产党全国代表大会和地方各级代表大会代表任期制暂行条例》（以下简称《暂行条例》），其中第六条关于党代表大会代表的权利与职责中明确“在同级党代表大会召开期间参与讨论和决定有关重大问题”“向同级党代表大会或者同级党委就政经建设、文卫建设和党建等的重大问题提出意见和建议”，由此可见，《暂行条例》赋予了党代表各种调研、提案议案等的履职途径，更为重大事项票决制的实施打下了实践基础。

（二）宁海县党委重大事项代表票决制的实践

2011 年宁海县全面推行乡镇党代表任期制，而宁海县提出在乡镇试行重大事项票决制，与该县探索乡镇党代表任期制改革有密切联系，是贯彻落实党员代表大会常任制和党代表任期制的一项行之有效的制度。

宁海县共有 14 个乡镇、18964 名基层党员，约占全县党员数量的 51％，2012 年推选产生乡镇党代表 1034 名。2010 年，宁海县选取力洋镇作为试点单位，率先探索实施党内重大事项票决制，即通过党委牵头谋划项目、广听民意征集项目、民主恳谈商议项目、代表票决决定项目、跟踪督查落实项目“五步工作法”（图 1），探索党内重大事项民主决策和科学管理的新途径，成效明显，反响良好。2011 年 7 月 20 日中共宁海县委组织部根据党章和党的十六大、十七大精神，在总结试点经验的基础上制定了《关于全面推行党内重大事项票决制的意见》（以下简称《票决制》），规定乡镇党内重大事项党代表票决一年一次，主要在乡镇党代表大会或党代表年会上实施，并对票决形式、内容、程序做了较为详细的规定。2012 年 1 月，利用乡镇党代会年会契机在全县范围全面推行重大事项票决制，各乡镇因地制宜制定《党内重大事项票决制实施办法》。据统计，票决产生2012年党内重大事项45个，2013年党内重大事项44个。①

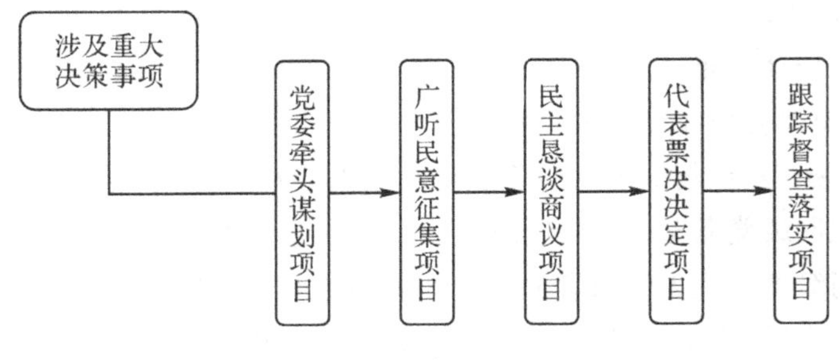

图1　五步工作法

具体步骤包括：

1.项目线索征集

根据《票决制》的规定，下一年度党内重大事项的征集"一般应在召开乡镇党代会或党代表年会一个月前组织实施。乡镇党委采取个别访谈、调查问卷、书面意见、征询会、座谈会、网络媒体等各种渠道，公开征求党代表、党员和社会各界的意见。公开征求时间不少于半个月"。每年10月，乡镇党委以公告等形式发布党内重大事项征集信息，使基层党代表充分熟悉情况，征集时间20日左右。在项目线索征集过程中，乡镇党委、基层党组织、党代表三级联动，即乡镇党委分组分片组织党代表参与党委组织的个别走访、问卷调查、书面征求、座谈会、征询会，广泛听取党员和社会各界意见。同时，基层党组织通过召开党员大会，征集党员意见，集体商讨重大事项，使党员群众意见建议广泛有序进入乡镇党委视野。

以该县西店镇2013年党内重大事项征集工作为例，工作小组自2012年10月开始启动，利用一个月时间开展调研走访、项目征集。在征集项目过程中，从三个层面着手征集：一是党支部层面，

① 参见宁海县委组织文件，《宁海县党内重大事项票决材料》2013年版。

该镇共有148个党支部，主要由联村、联企干部和党支部书记一起征集党员群众意见；二是党代表层面，由各党代表团团长牵头落实，该镇党代表100名，按地域和单位性质共设7个代表团，各代表团团长负责在所在团党代表中征集意见；三是社会各界层面，镇党委邀请人大、政协、群团及企业家代表召开座谈会听取意见。以上三个层面征集中发放征求意见表，然后由三个层面负责人梳理汇总上报给镇工作组。通过这种方式，该镇当年征集重大事项线索25件，全县征集到重大事项线索463条。

2.项目讨论确定

党委重大事项内容的产生、讨论、完善、集中等过程，是一个民主集中、科学决策的过程。根据《票决制》的规定，“公开征求意见结束后两周内，乡镇党委应及时整理归类公开征集到的意见，以集中或分组的形式，召集党代表召开党内重大事项拟定说明会，确定拟列入票决的初选项目。党代会召开5天前，组织乡镇党代会主席团全体成员集体酝酿，按不少于20%的差额比例确定拟提交票决的重大事项候选项目”。项目确定采取多方联审方式进行，即通过党委整理归类、党代表商讨酝酿、专家评估论证等渠道，使候选项目更具科学性。该环节可分为四个步骤具体细化：第一步，乡镇党委先整理归类征集信息，召集党代表召开项目拟定说明会，对预选的项目逐一进行介绍；第二步，党代表讨论筛选，确定拟列入票决的项目；第三步，党代会召开5天前，组织党代会主席团全体成员集体酝酿，确定拟提交票决的候选项目；第四步，候选项目产生后，由乡镇党委组织党政领导、部分党代表以及基层党组织书记、党务工作者形成专家组，进行集体论证评估，形成评估意见供党代表选择参考。重大事项的内容经过充分酝酿和多方论证，在广泛征求各方意见的基础上，进行再一次的讨论和修改完善，最终形成提交党代表会议表决的重大事项内容草案。根据《票决制》规定，乡镇党委要将确定拟提交票决的重大事项候选项目制成“菜单”，逐一列出具体事项的名称、实施内容、实施步骤、完成期限，并在党代会召开3天前将“菜单”发放到各党代表手中。

3.开展项目票决

在乡镇党代会以及年会上，乡镇党委组织党代表采取排序打分的方式，对候选重大事项进行票决。表决票应当分别列出拟实施的重大事项具体名称、完成期限、项目内容简要说明等。投票结束当场亮分计分、按差额比例最终确定实施的重大事项，当场公布结果，并会后向社会公布。2012 年宁海县 14 个乡镇党代会年会上提交票决党内重大事项 78 项，最终票决出 44 项。

票决程序包括重大事项内容草案分代表团审议、主席团会议听取各代表团审议情况及修改有关草案、代表就审议内容发言、代表就有关问题进行询问、代表审议通过《表决办法》、通过监计票人名单，进行投票表决、代表通过后最终形成文件。党代会是党的最高权力机关，党代会通过的文件应不折不扣地付诸执行。整个票决程序设计合理紧凑，其中审议和询问环节让代表们得到的信息更加充分，讨论意见更加透彻，充分保证党代表能有效行使权利和履行职责。

表决办法设计上，投票方式要求采用无记名投票；参与表决的代表人数上，规定参加表决的代表必须超过应到会代表人数的五分之四方可进行表决；在计分方式上，规定采取排序打分方式确定，由党代表根据项目轻重缓急标定次序，计分按第一位得 10 分，第二位得 9 分，其余各项依次递减，待计票汇总后，按高分至低分一次入选，这种计分方式能直接反映出代表们对某项目期望值。表决办法设计上保证了重大事项得到大多数的赞成。

4.项目推进落实

票决出的党内重大事项，交给乡镇党委组织实施。采用项目化管理的方式推进重大事项落实，每个重大事项逐一制定工作方案，排定工作计划，明确责任单位、责任人和完成时限。实施中，每项事项都明确 1 名以上乡镇党委班子成员作为责任领导，抽调骨干力量，组建成立专项工作小组，抓好事项的实施推进。邀请有关党代表、涉及重大事项的相关基层干部等人员共同参与，推进具体事项的落实。在实施过程中，确需进行重大调整或变更的，要经乡镇党代会主席团全体成员会议讨论通过，并以适当方式及时告知全体党代表。

5. 公开接受监督评测

《票决制》规定，“党内重大事项应接受乡镇党代表、党员和社会各界的监督”。在抓项目落实上，建立监督机制，乡镇党委通过组建党代表督查组进行跟踪问效，定期听取乡镇党委关于重大事项实施整体进展报告，不定期组织党代表视察重大事项的实施情况，接受党代表的质询，以代表视察、听取汇报等形式督促项目落实。

《票决制》规定，“党内重大事项完成后，应当接受党代表的测评，参加测评的代表人数应占全体代表总数的三分之二以上，测评结果应当向社会公开”。在党代表年会上，开展上一年重大事项实施满意度测评，在提交党代表测评前，乡镇党委将重大事项完成情况的书面报告发给全体党代表、组织专家或受益群体进行评价，作为党代表测评时的参考。对代表满意度不高的，则责成相关责任人形成整改方案，限期整改完成。党代表大会或年会还听取和审议乡镇党委上一届、上一年度党内重大事项实施情况报告，并专项表决通过有关决议。党代表对重大事项报告进行审议时，可以提出询问，党委须做出答复。据统计，2012 年宁海县乡镇党代会年会上，重大事项满意度测评结果“满意”的占 90.5％，“比较满意”的占 6.8％，“基本满意”的占 2.5％，“不满意”的占 0.2％。①

党员和群众通过党代表票决来决定党委重大事项、监督重大事项整个实施过程，这一方法进一步拓宽了社会公众参与民主决策的范围，突出了公共决策的民意基础，增强了党委政府决策的程序合法性。

（三）党委重大事项代表票决制的制度价值

1. 推动民主集中制的实质性落实

---

① 参见宁海县委组织文件，《宁海县党内重大事项票决材料》2013 年版。

票决制的实质即是党内决策和党的执行能力的反映，重大事项票决制是党内民主生活的制度保障，保证了民主集中制的真正落实，我们所说的民主集中制就是少数服从多数的原则。十八大提出“要积极发展党内民主，增强党内生活原则性和透明度”，现阶段一些地方实行的票决制，实际上就是扩大党委决策的民主，让党内更多人的意愿和意志，能得以集中反映和体现。票决制的客体是基层党委的重大问题和重大事项，在现实需要和基层意见中产生并酝酿，在广泛听取意见的基础上集中、完善、再集中，在集中的基础上又再次返回基层党员群众讨论完善，整个过程即是全面落实民主集中制的过程。党内重大事项票决制，将参与票决的主体从以往的党委委员，扩展到所有党代表，也扩大了民主集中的范围。

2.促进和提高党委决策的科学性

地方党委作为当地总揽大局、协调各方的“决策者”，要做到决策的科学化、民主化，就必须要广泛征求民意。重大事项票决制是体现决策科学化的具体做法，参与重大事项决策的主体有基层党代表、专业领域代表、企业家代表、普通党员和群众等，遵循一定的原则和特定程序来讨论决定重大事项内容。重大事项票决制创新了公共决策模式，由原来的以政府主导的方式变为以一种自下而上、以党代表为主体的社会各界广泛参与的决策过程，改变了过去由少数领导拍板的决策方式，充分体现广大党员和群众的意愿，确保党内决策科学化，增强了决策透明度，有利于党内外监督，从而提高了党委决策的质量。

3.完善了党委决策的民主程序

决策阶段民主化迸发的必要条件。票决制与以往的“决议制”不同的是，票决制是先充分讨论然后做出决策，是在“议”的基础上再“决”，是两个程序的进行。决议制在讨论阶段存在一些民主以外的问题，如在决策阶段并没有走民主程序，而票决制完善了决议制这一缺点，在讨论和决策两个阶段都进行民主化程序，这一做法大大提高了我党在重大事项决策方面的民主化进程。重大事项票决制使得党内民主程序化、制度化得到有效完善，重大事项决策阶段民主化更加保障了党内民主的真实落实，进而保障了人民民主的真正实质。

（四）宁海县党委重大事项代表票决制实践的经验与启示

宁海县在乡镇推行重大事项票决制上经过多年的探索和实践，积累了一些经验和成果，党委重大事项票决制已经成为宁海乡镇推进党内民主建设的重要载体和抓手，已经成为乡镇贯彻落实党代会常任制和党代表任期制的制度形式，其对其他地区的借鉴性意义与启示为：

1.建立集体决策、统一指挥、专人负责的有效的决策体制

票决制以一定时期的现实条件为基础，以集体决策的民主化程度和科学化程度为价值取向，在改革基层党委工作机制的同时，逐步推行相关体制的配套改革，如疏通自下而上表达意见的渠道和途径等，采取循序渐进、以点带面的方式，先积累经验，总结提升，然后再全面推行。这就最大程度避免了因民主的不确定性而有可能产生的动荡与风险，又实现了票决制工作机制与领导体制的同步改革发展。重大事项票决制没有现成的经验可借鉴，宁海县在实施过程中先行试点，周密安排，在试点成功后再全面铺开，并在操作层面制定可行性的配套制度，促使票决顺利实施。2011年，宁海县委专门制定下发了《全面推动党内重大事项票决制的意见》，组织工作指导组深入各乡镇指导票决情况，总结工作经验，及时发现问题，完善票决机制。一方面，明确了票决候选项目范围。要求乡镇注重将党员群众呼声较高的事项以及当前党建重点工作、创新探索工作纳入候选项目范围，提升项目质量；另一方面，规范了票决的程序。制定了“党委牵头谋划项目、广听民意征集项目、民主恳谈商议项目、代表票决决定项目、跟踪督查落实项目”的“五步工作法”票决制度，对项目的征集、确定、实施、监督、落实等环节做了明确规定，以现场推进会的形式进行了宣传规范，并指派

专人对乡镇党代会年会进行指导监督,确保票决程序规范到位。

宁海县的实践证明,建立集体决策、统一指挥、专人负责的决策体制,保证了票决制的顺利实施。在实施的具体过程中,完善基层党委审查机制,成立党内重大事项审查委员会;完善专人负责制,成立票决工作小组,充分凸显基层党委把握宏观、组织协调的作用,是强化领导统筹和政策引导的先决环节,既能防止票决制出现"形式主义"问题,又能站在全局角度考虑,及时把关系本地发展改革大局的思路贯彻到党委重大事项决策的始终,以防党委重大事项受"本位主义"影响,确保票决制能朝着正确的轨道前进。

2.建立健全制度,保障票决项目运行

要保证重大事项票决制取得实质性成果,需建立健全与票决制相配套的机制予以保障。宁海县在票决制实践中,严格把关好各个环节的实施,在坚持"五步工作法"原有程序不走样的条件下,重点建立健全了六项配套制度:第一,建立票决项目党委审查机制,成立党内重大事项审查委员会,一般由乡镇党委副书记担任审查委员会主任,组织委员担任副主任,由党委其他领导和部分党代表担任委员,具体由乡镇组织部门负责组织实施。票决候选项目经审查委员会同意报党代表年会上表决。第二,建立完善专人负责制,成立票决工作小组,由乡镇组织委员兼任组长,成员由乡镇党群各线干部构成,保证有专人分管和落实党代表在党代会闭会期间的作用发挥。第三,建立代表监督制度,党代表督查组在乡镇党委领导下,主要履行对项目实施全过程进行监督,对项目的实施随时提出意见、建议,随时查询项目实施进度等职责。第四,建立责任追究制度,通过党代表票决程序确定的事项不得随意更改,如因特殊情况发生变化确需变更的,应经各代表团正副团长会议讨论通过,并经乡镇党委审查同意,凡不按有关规定和程序进行决策的,均为无效,造成的损失由责任人承担,并依法依规处理。第五,建立考核评比机制,对党代会上表决通过的党内重大事项,明确目标要求、责任人和工作时限,在一定场合公布,将党内重大事项落实情况纳入乡镇年度目标管理考核内容。每年开展全县党内重大票决事项优秀项目评比，形成争先进位的竞赛范围，促使乡镇党委全力抓好票决项目落实。第六，建立经费保障机制，3 年来，宁海县财政每年安排 180 万元作为党内重大事项的财力保障，有一定的浮动比例，乡镇一级财政根据实际情况给予适当配套。

3. 票决制的落实需要有效的监督手段

有学者认为重大事项票决制“本质上是公众参与政府决策和民主监督的过程”。[①] 党员和群众通过党代表来决定党的重大事项、通过党代表来监督重大事项的实施过程，这拓宽了公众参与民主决策的范围，扩大了基层党内民主，体现了公共决策的民意基础，增强了党委决策的程序合法性。为确保党代表始终代表全体党员的利益，始终全心全意地做好工作；为确保票决结果始终体现党员和人民群众的意愿，重大事项能有效落实，应将票决制运行全过程置于党内外的监督之下，即建立健全监督机制。

宁海县在实践中采取了一些党内党外监督手段来保证票决制的有效运行。建立党代表视察调研制度，适时组织党代表视察重大事项的实施情况，听取乡镇党委关于项目进展情况报告，进行跟踪监管，提出意见建议。组建党代表督查组，根据党代表对具体重大事项的关注、熟悉程度，按照具体的重大事项分组成立党代表督查组进行跟踪问效，定期听取并了解专项工作小组的工作进展情况，提出意见建议。如，黄坛镇将 76 名县镇党代表划分成 4 个督查组，分别结对联系一项重大项目，进行全过程跟踪监督。建立重大事项评议制，重大事项完成后，在党代表年会上，由乡镇党委做出书面报告，当场接受党代表询问和满意度测评。测评结果以适当方式向社会公开，对代表满意率不高的项目，责成相关责任人限期整改，确保票决效果。建立重大事项公告制，在三务公开栏、政府网站上设立“重大事项票决制”专栏，将票决制从项目征集、票决结果、实施情况及评议情况全过程向社会公开，接受公众监督和

---

① 喻江：《党代会讨论决定重大事项票决制的实践与思考》，《华章》2014 年第 6 期，第 51 页。

询问。

4.增强基层党代表的责任意识

对于党代表而言,参与党内事务的民主意识、能力水平,不是与生俱来的,而是需要在实践活动中逐渐培养锻炼和提高的。一直以来,由于党代表履职平台的欠缺,党代表责任意识不强,缺少履职的主动性,对权利职责认识不清,履职能力不强等现象仍客观存在。自党的十七大以来,我国各省、市陆续实行了党代表任期制,任期制条件下的党代表,不仅要在党代会期间参与选举投票,还要审议党委工作报告、提出提案或提议,以及参与重大决策或决议等活动。实行党代表任期制赋予了党代表更多的职责,同时也对党代表责任意识和能力水平提出了更高的要求。某种意义上讲,党内民主制度与党员干部思想政治素质是相互促进、共同提高的,健全的民主制度有利于党员干部素质的提升,党员干部素质的提升也必然会促进民主制度的完善。有些党组织在决定党的重大问题、重大事项时,之所以出现违反民主程序的情况,导致好制度无法发挥其应有作用,绝大部分与党员干部的思想政治素质不高、党性修养不够、责任意识不强息息相关。

要让重大事项票决制的运行达到最佳效果,除了制度健全以外,增强党代表的主体责任意识是关键。重大事项票决制每一环节都需要党代表全程参与,从票决前的重大事项征集、走访调研、讨论评估,到党代会上的审议、表决,最后到票决后的监督、质询等,都需要党代表具备较强的责任意识,熟悉履职内容和程序,履行好每一项职责,发挥好其主体作用。因此,基层党委应通过教育培训等方式,加强培养党代表责任意识、思想政治素质和民主意识,努力提高党代表推进党内民主建设的素质和水平。

第三节 党内法规体系的建设

十八届四中全会的报告阐明了依法执政的含义以及党规党纪的作用,指出“依法执政,既要求党依据宪法法律治国理政,也要求党依据党内法规管党治党”。所以，健全党内法规体系（包括党章、党规、党纪等等），充分发挥其管党治党作用，即是依法执政的重要内涵。

一、党规党纪和国法的关系[①]

从十八届四中全会关于法治体系的构造上看，党规党纪是与国法分别表述的，属于两个不同的体系。十八届四中全会关于法治体系的表述是：形成完备的法律规范体系、高效的法治实施体系、严密的法治监督体系、有力的法治保障体系、完善的党内法规体系。关于法治体系到底是四大构成还是五大构成，暂且不争论，至少是有区别。其中“完备的法律规范体系”指的就是国法；“完善的党内法规体系”就是指党规党纪。

（一）“党规党纪”与“国法”效力范围不同

党是政治组织，党规党纪保证着党的理想信念宗旨，是执政的中国共产党党员的底线；法律体现国家意志，是全体中华人民共和国公民的底线。政党规范属于政治规范，它是政党对其党员制定的行为规范和依据，约束其党员的行为；而法律规范属于国家规范，它是对其全体公民制定的行为规范和依据，约束其全体公民的行为。法律规范对全体公民有效，效力及于全体公民；而政党规范只对本党党员有效，效力只限于本党党员。国家可以要求包括党

① 参见刘作翔：《党纪与国法不能混同——“党内法规”令人困惑》，来源于凤凰大学问网站（dxw. ifeng. com），2015-07-0313：17：49。

员在内的全体公民遵守法律，但政党不能要求公民去遵守政党规范。①

(二)“党规党纪”与“国法”要求标准不同

十八届四中全会提出：“党的纪律是党内规矩。党规党纪严于国家法律，党的各级组织和广大党员干部不仅要模范遵守国家法律，而且要按照党规党纪以更高标准严格要求自己，坚定理想信念，践行党的宗旨，坚决同违法乱纪行为做斗争。对违反党规党纪的行为必须严肃处理，对苗头性倾向性问题必须抓早抓小，防止小错酿成大错、违纪走向违法。”四中全会提出的“党规党纪严于国家法律”，都表明：党规党纪在内容方面可以提出比国家法律更高的要求。因为从法理上讲，法律是对于一个国家和社会的公民提出的一个行为规范和要求，它的制定标准就应该以这个国家和社会中的大多数人的道德准则为标准；而政党属于政治集团和政治组织，它可以根据自己的奋斗目标，对其党员提出高于法律标准的要求。尤其对于执政的中国共产党，由其先锋队性质所决定，只有以更严的标准、更严的纪律要求来约束各级党组织和广大党员干部，才能永葆其先进性和纯洁性。在制定党规党纪时，要提出比法律更高的标准和更严格的要求，这样才能“把纪律和规矩挺在法律前面”，并不是降低和否定法律的作用。

---

① 源自王岐山于 2015 年 5 月 10 日到浙江省调研时讲话精神。中共中央政治局常委、中央纪委书记王岐山 2015 年 5 月 8 日至 10 日到浙江省调研时强调，要唤醒党章党规意识、推进制度创新，修改好《中国共产党纪律处分条例》，把纪律和规矩挺在法律前面，挺在党风廉政建设和反腐败斗争前沿。王岐山强调，“党纪”与“国法”不能混同。党是政治组织，党规党纪保证着党的理想信念宗旨，是执政的中国共产党党员的底线；法律体现国家意志，是全体中华人民共和国公民的底线。修订党纪处分条例要突出两个重点，一是坚持问题导向，应把条例中与法律重复的内容去除，解决“纪”“法”不分的问题；二是把严肃政治纪律和政治规矩突出出来、具体化，使党纪特色更加鲜明。制度创新只有进行时，这次修订条例重在唤醒全党特别是领导干部的组织意识、纪律意识和规矩意识。

（三）“党规党纪”与“国法”惩罚性质不同

政党是以共同政治理想、信念、信仰为纽带而组成的政治集合体，由信仰而结合，因信仰而分离；因此，政党对于一个已失去本党信仰的人，最大的惩罚就是开除出党，但不能对其人身施以任何有形的惩罚；而法律是一个国家全体公民遵循的行为规范体系，对于犯罪、违法、侵权等行为，法律会施以不同的惩罚方式，以恢复社会秩序；因此，法律的惩罚是有形的，可以限制人身自由、剥夺财产、剥夺政治权利，甚至最严重的死刑。由此来看，在物理形态上，法律的惩罚要比党纪的惩罚严厉得多，这是由于两者属于不同性质的规范体系。但对于一些视政治生命为最高追求的人来讲，他们可能会认为开除出党就是最大的和最严厉的惩罚。

二、依法执政与党内法规体系建设：宁波样本

（一）出台对“一把手”的权力监督制度

为了规范权力运行，强化对“一把手”的监督，宁波市在全市推行主要领导“五个不直接分管”制度，即不直接分管财务、人事、行政审批、工程项目和物资采购工作。为了健全民主决策制度，宁波市制定出台了《中共宁波市委关于落实重大决策责任制的规定》，推行“一把手”末位发言和无记名投票等决策方式，避免“一把手”在决策时的暗示和引导性作用；建立决策失误责任追究制度，防止“一把手”操纵决策和滥用权力。

（二）强化用人的监督机制

完善用人机制是加强党的领导的重要内容。为了强化用人的监督机制，从制度上深化干部选拔任用监督工作，增强选人用人公信度，真正将党和民众信得过的人选拔到合适的领导岗位上，宁波市制定出台了《中共宁波市委关于规范市委及县（市、区）委主要负责人用人行为的意见（试行）》《宁波市县（市、区）委书记用人行为

离任检查实施细则》,在干部任免方面,宁波实行用人审计制度①和用人评议制度。

为了拓宽权力监控渠道,宁波市积极开展党内询问和质询工作,注重巡视监督和对部门领导班子的专门监督,全面实行市直纪检监察派驻(出)机构统一管理,建立健全派驻机构的联系机制、协作机制和考核机制。此外,宁波市出台了《关于深化干部人事制度改革的实施意见》(以下简称《实施意见》),在建立健全科学化的选人用人机制方面迈出了更大的步伐,《实施意见》主要就如下方面做出了规定:规范干部任用提名制度,探索重要岗位空缺预告制度,充分发挥全委会成员在干部选拔任用中的作用;完善领导干部考核评价机制,制定领导班子和领导干部综合考核评价实施细则,研究提出领导干部"德"的考核评价办法;重视从基层一线选拔干部,开展从优秀村(社区)干部中公开选拔乡镇(街道)领导干部工作,完善市级机关从县(市、区)、乡镇两级遴选干部办法;加大竞争性选拔干部力度,开展市和县(市、区)联合公开选拔领导干部工作,积极探索公推竞职等多种竞争性选拔方式,扩大乡镇党委领导班子成员公推直选试点,加大机关、高校、企事业单位等基层党组织领导班子直接选举推行力度;全面落实规范党委(党组)及主要负责人用人行为制度,健全完善干部工作公开评议和用人行为离任检查制度,探索建立干部选拔任用工作责任追究制度;建立健全干部人事工作社会评价机制,充分利用组织工作满意度民意调查结果。上述制度在保证党对法治建设的领导和推动方面发挥了重要的作用,使宁波市的法治建设迈上了一个新台阶。

---

①　所谓"一把手"用人行为离任审计制度,就是指县(市、区)委书记离任时,市委组织部对其任期内贯彻执行《干部任用条例》和有关规定等九个方面的情况进行检查。该制度的基本思路源自领导干部经济责任审计,基本做法参照干部选拔任用工作监督检查办法,检查中涉及县(市、区)委书记用人权力的界定、责任区分等一些敏感问题,是扩大民主途径的一种监督方法。

（三）构建公职人员惩防体系

公职人员行为规范与党的权威和形象直接相关，一些地区出现的公职人员腐败行为严重恶化了党群关系，为此，宁波市委提出，要按照“创新、实干、增效”的要求，加强反腐倡廉的制度建设和制度执行力建设，着力构建具有宁波特色的惩治和预防腐败体系。为了有针对性地反腐败，构建有效的反腐体系，宁波市梳理出了腐败风险高发的六个领域：(1)工程建设领域。主要表现为在规划建设审批、工程招标投标、工程结算等环节，土地、规划、招标投标等部门公职人员非法收受贿赂、礼金，通过审批、许可、提高容积率、变更设计等方式，违规违法为相关企业或业主牟取私利。(2)财政资金领域。主要表现为截留、挪用、挤占、虚报冒领财政资金；截留、隐瞒应上缴的财政收入；设立“小金库”等违反财经法律法规行为。(3)国上规划领域。主要表现为利用职务便利非法批地、低价出让国有土地使用权、擅自改变用地性质获取非法利益以及滥用职权造成国家和集体重大损失；擅自变更规划、调整容积率获取非法利益；违规干预和插手土地、矿产开发利用获取非法利益等。(4)教育、医疗等社会领域。教育领域的利益冲突问题主要表现为违规招生、买卖文凭、权学交易、钱学交易、乱收费、教育采购吃回扣等。医疗领域的利益冲突问题主要表现为暗吃回扣、哄抬药价、分节多收费、恶性竞争病人、收受或索要贿赂等。(5)国有企业经营领域。主要表现为在一些国有企业的主管干部和管理人员，利用监管漏洞，大肆攫取公有资财；违规交易提取巨额“回扣”；低价处置公有资产为私人所有；与不法外商勾结侵吞国有企业资产等。(6)执法、司法领域。主要表现为通过私自设卡，滥收滥罚，白吃白要白占；在税费减免及优惠等方面进行寻租活动；滥用手中权力，在案件审查、调查等活动中接受请吃、收受贿赂等。

针对上述领域存在的问题，宁波市着力建设事前预防性制度和事中预警性制度。事前预防性制度重在规范公职人员的行为，防止出现利益冲突。《宁波市人民政府系统领导干部廉洁从政规定》《宁波市市级领导干部廉洁自律守则》等一系列带有防止利益冲突内容的规定，为公职人员防止利益冲突打下了良好的基础。《宁波市人民政府系统领导干部廉洁从政规定》规定了十项制度：严禁在行使行政审批权和分配使用财政资金过程中搞权钱交易，为个人和小团体牟取利益；严禁利用职权违反规定干预和插手建设工程招标投标、经营性土地使用权出让、房地产开发与经营等市场经济活动；严禁收受与行使职权有关系的单位、个人的现金、有价证券和支付凭证；不准接受企业赠送的股份，不得接受可能影响公正执行公务的馈赠和宴请；严禁在配偶、子女、亲友及身边工作人员职务提升、工作调动、贷款、经商、工程招投标、公费出国(境)、案件查处、司法诉讼等方面，利用职务之便向有关方面打招呼疏通，不得在分管单位和部门安排亲属就业或任职，不准默许或授意配偶、子女及身边工作人员打着自己的旗号以权谋私；严禁用公款为个人建造、购买和装修住房，不得利用职权为本人和他人压价购房；严禁用公款出国出境旅游或变相旅游，不准用公款通过旅游渠道出国出境，不得进行无实质内容的出国考察、培训，不得为亲属出国旅游、探亲、定居和留学向国内外个人或组织索取资助；严禁用公款吃喝玩乐，不得进出与本人身份不符的高消费场所，参与低格调的娱乐活动，不准借婚丧喜庆、治病、出国等事宜敛财；严禁以各种名义经商办企业、在经济实体中投资入股或兼职兼薪，不得为亲属和身边工作人员经商办企业提供便利和优惠条件；严禁利用各种名义和方式到企业及下属单位索要钱、物，不得在企业和下属单位报销应由本人及其配偶、子女支付的个人费用；严禁搞沽名钓誉、劳民伤财的各种“形象工程”“政绩工程”，不准超编制、超标准配备使用小汽车，不准在各类会议中赠送礼品和纪念品，不得向企业事业单位摊派会议经费。

在事中预警制度方面，宁波市制定了《廉情预警机制建设实施意见》和关于信息收集、信息分析、信息反馈、信息运用四个配套实施细则，全面推进廉情预警机制建设，如构建预警网络，加强廉情分析，制定廉情分级预警办法，根据单位或个人在廉洁和作风方面暴露出来问题的性质，以“红、黄、蓝”三色进行分级预警、分别处理等。

(四)推行党务公开，保障党内民主

党内民主是党的生命，党务公开是党内民主的重要内容，深入推进基层党务公开工作，是一项政治性、系统性和实践性很强的工作，对于发展党内民主、加强法治建设具有十分重要的意义。宁波市推进党务公开是一个不断深化和实践不断发展的过程。

宁波市的党务公开是由乡村向城镇推进的。早在2000年，宁波市所属的宁海县就率先进行了党务公开试点。2001年11月，宁海县明港镇党委出台了《关于在行政村党支部推行党务公开的实施意见》，这是宁波市基层党组织制定出台的第一个党务公开规范性文件。2002年，慈溪市推行村级党务公开制度，首次将党务公开的形式分为固定公开、定期公开和随时公开三种。2004年，余姚、鄞州、奉化、象山等地全面推行村级党务公开。2005年，党务公开工作开始由村级公开向街道乡镇延伸，比较具有代表性的是慈溪市周巷镇和江东区百丈街道。2006年，在总结各县(市、区)党务公开的实践经验基础上，宁波市委出台了《宁波市基层党组织党务公开实施办法(试行)》，明确了乡镇、街道党(工)委党务公开的四个方面14项内容，农村、社区党组织党务公开四个方面13项内容，规定了党务公开的主要形式、时间、范围、主要程序等。各县(市、区)以此为契机，相继出台了一些贯彻落实《实施办法(试行)》的规范性文件，使党务公开得到了全面推进。2010年，宁波市委根据中央《关于党的基层组织实行党务公开的意见》的部署，着手研究制定贯彻落实办法。2011年4月，《宁波市党的基层组织党务公开实施办法》出台，党务公开工作规范化、科学化水平得到了进一步提高。

10多年来，宁波坚持以扩大和保障民主权利为出发点和落脚点，不断扩大党务公开的形式与内容，完善和规范党务公开的途径与方法，初步构建起了民主开放、公开透明、高效运作的党务公开运行机制。据宁波市委提供的数据，截至2011年6月30日，宁波市在全市23707个基层党组织中，有21912个按要求实行了党务公开，总体覆盖率达到92.4%。其中，各级机关、学校、科研院所和乡镇、街道、行政村、城市社区、乡镇社区的党务公开覆盖率均为100%。

宁波市在推进党务公开过程中着力完善“公开”的制度和机制，推动党务公开由“无规可依”向“有章可循”转变。党务公开具有长期性、复杂性和艰巨性的特点，因此，持续推动党务公开，关键是加强制度建设，建立健全长效机制，确保党务公开的科学性与有效性。为此，宁波市采取了一系列有针对性的措施。首先，注重健全党内情况及时通报制度。党内情况及时通报制度是实行党务公开的重要途径和形式。宁波市要求各基层党组织制定完善党内情况通报制度，定期召开党代会、党务工作例会和党员大会，办好党建网站，及时公布党员群众关心的问题，广泛接受群众的监督。其次，完善重大决策咨询听证制度，保障大多数党员、群众的知情权、参与权、选择权和监督权，增强党组织决策的透明性、前瞻性和科学性。为了落实该制度，宁波市要求各级党组织要将涉及本地经济与社会发展、机构改革、与人民群众切身利益相关的重大决策及时适当地向党员、群众公开，使其更好地了解和参与党的事务，以党群互动促进党务公开，切实提高党组织决策的科学性和民主性。再次，宁波市还进一步完善党务公开的监督考核机制，建立健全定期的督促检查和奖励机制，将公开工作列入年度目标责任考核，通过不定期的走访调研、专题检查和年中年末两次集中检查，对照评价体系，实施量化考核，表彰先进、鞭策后进。最后，宁波市还着力建立党务公开的评估机制，运用前沿理论和科技手段，形成了一套能够从内容、程序、办法和效果等方面对党务公开实践做出科学评价的机制，便于党务公开工作成效评估，推动党务公开工作不断优化循环。

宁波市在推动党务公开过程中，注重突出重点，以保证党务公开的内容具体直观。宁波市委明确要求，凡是本地区、本单位党员、群众关注的重大事项和热点问题，只要不涉及党内秘密都应公开。近年来,宁波市重点公开了八个方面的内容:党组织决议决定及执行情况、党的思想建设情况、党的组织建设情况、领导班子建设情况、干部选拔和管理情况、党员联系和服务群众情况、党风廉政建设情况,以及根据党员群众要求认为有必要公开的或上级党组织要求公开的其他有关情况。宁波市委提出,党务公开的目的是增强党组织工作的透明度,使党员群众更好地了解和参与监督党内事务,进一步扩大党员群众对党内事务的知情权、参与权、选择权和监督权,只有广大党员群众参与其中,才能实现这个目的。

宁波市各县(市、区)也制定了较为详细具体的操作办法,把干部群众关心的热点作为公开的重点。有的突出公开党委的重大问题决策、重要干部任免、重大项目投资决策、大额资金使用等"三重一大"事项。例如,江东区要求各街道各部门党组织通过局域网公开本单位专项经费安排使用情况,公务接待开支情况,房屋出租、租金收缴情况,5000 元以上的大额资金开支情况,学习、培训、差旅费开支情况等等,同时还将政府投资的重大项目信息在江东信息网、江东党政新闻网上予以公示。有的突出公开涉及群众切身利益的工作,例如,江北区结合所属社区便民服务中心建设,设立阳光党务公开栏,把党员民主评议、社区年度工作任务完成情况、社区为民办实事等情况作为公开的重点。有的基层党组织召开辖区党员大会,将本年度党建工作计划和活动安排向全体党员汇报,听取大家意见以及时修改,并时常督促工作的开展。例如,海曙区南门街道实行了公开承诺,街道的 103 个党组织,2000 余名党员,向广大群众做出承诺一万余条,同时把群众反映的突出问题及整改情况和典型推荐情况向社会进行公示。一些街道、乡镇还推行"点题式"党务公开,例如,宁海县岔路镇的党员群众可以通过采取电话点题、电子邮件点题、信函点题、口头点题等方式"点题",街道、乡镇党(工)委有针对性地进行公开,并承诺"点题公开"内容为一般政策咨询、日常事务性工作的,及时予以答复,一般不超过 5 天;属重大事项,须提交党(工)委会讨论后决定,一般在 7 天内答复。

宁波市在推动党务公开过程中,注重强化监督,确保党务公开深入持久。一些县(市、区)强化民主监督,积极建立基层党务公开监督员制度,如象山县 18 个镇乡(街道)、490 个村和 24 个社区居委会共聘请了 1326 名党务公开监督员,对党务公开的内容、形式、时限等提出合理化建议。江北区聘请党代表、人大代表、基层党支部书记等相关人员担任街区“党风政风监督员”,对监督党务公开的真实性、针对性、合法性、严肃性进行监督。强化党内监督,鼓励全体党员干部群众参与党务公开监督,还通过发放意见征求表、问卷调查、召开行风评议员会议等形式广泛征求意见建议,并对征求到的意见建议梳理归类,认真整改。有的县(市、区)出台了《党务公开情况反馈制度》,对群众提出的意见建议进行认真研究并加以回复。例如,北仑区建立《村务决策“一事一议一签一公开”制度》,增强了村务工作的透明度,突出了党员群众的主体地位。鄞州区设置了村党组织《党务公开登记簿》,及时将公开的内容、时间、审核人逐项逐次登记,归档备查。宁海县建立了村级党务公开“答疑制”,结合各行政村每年规定的民主理财日,村务监督委员对相关事项有疑虑而解答不满意的,有权要求提交村民代表大会讨论,这些做法进一步增强了党务公开的刚性约束。

第四节　浙江“依法执政”的发展空间与展望

如上所述,近年来浙江省在完善党委有关工作制度和程序,积极推进决策科学化民主化,注重改进党的领导方式和执政方式,在全面启动党内法规和规范性文件备案和清理工作等方面取得了积极进展。但是同时必须清醒认识到,部分党政机关和领导干部运用法治思维和依法治理的意识还不够强,一些党政机关部门不严格执法、守法的问题依然存在,行政违法和行政乱作为、不作为、慢作为问题尚未根本解决。这就要求我们,必须以“党政善治”为工作着力点,明确把“党政善治”作为目标要求和衡量标准,倒逼法治浙江建设的深化和突破。

2014 年 12 月 4 日中国共产党浙江省第十三届委员会第六次

全体会议通过的《中共浙江省委关于全面深化法治浙江建设的决定》，提出了今后浙江省加强党的领导和全面提高依法执政能力和水平的目标和任务，强调要把党的领导贯彻到深化法治浙江建设全过程。注重改进党的领导方式和执政方式，增强党委“总揽全局、协调各方”的领导核心作用，推动人民代表大会制度与时俱进，推进协商民主广泛多层制度化发展，切实保障各级国家行政机关、审判机关、检察机关依法行使职权。

要加快推进党内民主制度建设，完善党员民主权利保障制度。健全党委依法决策程序和机制，强化全委会决策和监督作用。科学配置党委部门及内设机构权力职能，继续开展地方党委权力公开透明运行试点。规范各级党委主要领导干部职责权限。全面实行党代表任期制，继续深化地方党代会常任制试点。

要提高党员干部法治思维和依法办事能力，充分发挥党员干部带头遵守宪法法律、带头依法办事，切实提高运用法治思维和法治方式深化改革、推动发展、化解矛盾、维护稳定的作用；各级组织部门要把能不能依法办事、遵守法律作为考察识别干部的重要条件；要加强党内法规制度和工作体系建设。党章是最根本的党内法规，必须严格遵行；要加快构建内容科学、程序严密、配套完备、运行有效、富有浙江特点的党内法规制度体系；要加大党内法规和规范性文件备案审查和解释力度；要探索建立党内规范性文件备案审查与地方性法规、政府规章和行政规范性文件备案审查衔接联动机制；要探索开展党内法规执行情况和实施效果评估；要按照党规党纪以更高标准严格要求各级党组织和广大党员干部，坚持抓早抓小，着力解决苗头性倾向性问题，严肃查处违反党规党纪行为。

第四章　浙江地方治理与科学、民主立法

第一节　“科学、民主立法”实践概况

一、科学立法、民主立法的意义

中国共产党第十八届中央委员会第四次全体会议，审议通过了《中共中央关于全面推进依法治国若干重大问题的决定》。全会明确提出：“建设中国特色社会主义法治体系，必须坚持立法先行，发挥立法的引领和推动作用。深入推进科学立法、民主立法，完善立法项目征集和论证制度，健全立法机关主导、社会各方有序参与立法的途径和方式，拓宽公民有序参与立法途径。”可见，全会达成了共识，认为立法是建设法治国家的基础，必须以“良法”和“善法”为前提，引领和推动人们的行为和社会的发展。

而要制定出体现党和人民意志，保障人民根本利益，维护人权和保障民生的一大批“良法”和“善法”，就必须尊重客观规律，进行民主立法和开门立法，充分听取人民群众的意见和建议。这样才能既保证法律体现人民的意志和利益，为人民所拥护，又使得遵守法律成为人民群众的自觉行动，从而增强公民的守法意识，进而促进“全民守法”目标的实现。

二、科学立法、民主立法的实践览要

（一）重点围绕发展和民生改善的需要立法

省人大坚持立法决策与改革发展的重大决策相结合，按照全

面深化改革的要求和“根据需要与可能、突出重点、统筹兼顾、急需先立”的立法原则，结合浙江实际，提出了各届人大及其常委会立法工作的重点项目，集中立法资源确保事关浙江发展和民生改善的重要地方性法规如期颁布。

比如，省十二届人大围绕推动经济转型发展，重点加强开发区、舟山群岛新区、温州民间融资等方面的立法；围绕加强社会民生保障，重点加强食品安全、平安建设、社会救助、养老服务、社会保险、特殊群体权益保护等方面的立法；围绕发展教育文化事业，重点加强民办教育、学前教育、公共文化服务保障方面的立法；围绕保护生态资源环境，重点加强机动车排气污染防治、水污染防治、海洋环境保护、生态补偿等方面的立法；围绕促进民主政治建设，重点加强预算审查监督、政府信息公开、行政程序、乡镇人大工作等方面的立法。省政府也紧紧围绕省委中心工作，及时向人大提出政府行政管理方面的立法建议，或在法律授权范围内及时制定急需的政府规章，为政府管理行为提供法律依据和规则约束。

（二）创新立法的民主参与机制，促进立法质量的提高

近年来，浙江坚持开门立法，无论是提出立法项目、制订年度计划、起草法规草案、调研征求意见，还是法规审议修改等环节，都坚持不懈地推进公开化、民主化。例如，为了提高立法的整体系统性和现实针对性，省人大十分注重立法项目调研，通过发函书面征求省有关部门、市县区人大常委会、省人大代表、立法专家库成员对未来立法工作的意见，或通过媒体向社会发出公告征集未来5年立法建议项目，在充分调研的基础上，编制《立法调研项目库》。

除了坚持立法建议项目公开征集意见外，省人大在立法过程的各个环节都注重社会力量的民主参与，实行开门立法，鼓励社会机构参与立法，提高合法性审查的工作质量；采取座谈会、论证会、咨询会、网络互动、网上调查、专家审阅、媒体讨论等形式，征求不同群体尤其是利益相关群体对法规草案的意见。通过多方面、多层次、多视角、多环节、多渠道的征求意见、民主磋商，把社会各界

的意见充分整合进来,达到共识最大化,使地方性法规真正成为全省公意的体现。

例如,2014 年 9 月 11 日,杭州市法制办举行立法听证会,讨论《杭州市老年人权益保障规定(草案)》。参加立法听证的代表,工作都非常投入,事先要收集材料、走访调查、分析资料,并在会上陈词。

因地方立法规划、立法项目往往由部门提出,所立项目多和部门利益相关,地方立法以往被戏称为"部门立法"。随着经济社会转型、利益主体多元,浙江省积极探索立法时更好地倾听民意、畅通民意表达的途径。例如,省人大常委会 2013 年 11 月初审《浙江省社会救助条例》草案后,通过印发各地人大和浙江人大网、地方立法网等途径,广泛征求各方面意见;多次赴基层调研,听取基层政府、人大代表、镇街、社区(村委会)和具体经办人员的意见建议,召开专家论证会和省有关部门座谈会。立法工作民主化、科学化水平不断提升,逐步摆脱了"部门利益法制化"的倾向。2014 年 7 月底审议顺利通过了《浙江省社会救助条例》。

浙江省的开门立法举措,进一步拓宽了公民参政的渠道,提高了立法质量,密切了地方国家权力机关与人民群众之间的联系,提高了群众对立法工作的参与度。

(三)完善立法工作机制和方式,提高立法科学化水平

立法的质量关系到法律能否得到很好的实施。古语云:"立善法于天下,则天下治;立善法于一国,则一国治。"一年来,省人大常委会坚持立法创新,健全完善更加科学、更加民主的立法体制机制,促进立法更好地体现客观规律、反映人民诉求,促进立法科学化水平不断提高。例如,早在 2008 年 10 月,省人大常委会就成立了地方立法专家库。2008 年 11 月,省政府也开始筹建立法专家库,在向省内大专院校、科研机构及有关部门、单位征集专家人选后,省政府法制办最终确定了 40 名专家学者作为立法专家。2014 年,省人大常委会确定 27 个立法基层联系点,建立了固定联系单

位，协助收集立法工作相关信息。

浙江省人大出台了《关于本届立法工作中发挥社会机构作用的若干实施意见》，在立法选项和法规草案起草、调研、论证等环节，更多地吸收社会机构参与，发挥好专家学者的智囊作用，保障科学决策。2013 年下半年以来，委托浙江工业大学对报批法规的合法性提出研究意见，为合法性审查工作提供支持。

浙江省在立法中还十分注重坚持地方性法规和政府规章协调立法，例如，宁波市就建立了立法工作联席会议。立法项目起草工作动态管理等有关工作制度。

不断健全立法机关主导，有关部门参加，人大代表、专家学者等社会各界共同参与的立法工作机制。一是实施法规起草小组制度，同时逐步增加专门委员会组织起草法规的比重，2014 年一类立法项目中委员会组织起草占比已达到 37.5%。二是提前介入调研，对重要法规加大提前介入的力度和深度。三是完善沟通协调机制。同时，全面修订立法技术规范，进一步明确法规体例结构、条款表述、语言文字使用等方面的要求。四是注重专家参与立法活动。2014 年开始实行法规表决前评估制度，并建立语言文字专家名录，推行法规草案审校工作机制。同时，还出台《关于专家参与立法工作的若干规定》等多项制度，实现专家参与立法的常态化、制度化和规范化。

充分发挥人大代表的主体作用。广泛发动代表参与立法。坚持立法选项、法规草案征求全体省人大代表意见，立法过程中主动邀请代表参加调研座谈会。创新代表参与立法机制，在全国率先推出省人大代表分专业有重点参与立法工作机制，要求代表根据自身关注点、职业专长等因素，主动选择重点参与的立法项目，并全程深度参加该项目的各项立法活动。

第二节 科学立法的实践

为了促进科学立法，提高立法质量，浙江省人大坚持以科学发展观为指导，坚持立法与深入学习实践科学发展观活动相结合。用科学发展观统领地方立法工作，把科学发展观的精神实质和核心内容贯穿到立法工作的全过程，始终把坚持发展是第一要义、坚持以人为本、坚持全面可持续发展、坚持统筹兼顾作为立法的根本要求。为促进立法理念、立法工作的创新发展，浙江省人大坚持立法与社会实践相结合。在地方立法工作中，着重把握时代发展的大方向，研究经济社会的实践活动，把握经济社会的发展规律，研究浙江经济社会的现状，创新解决浙江实际问题的体制机制，树立更高的目标追求，使地方立法工作在创新中得到发展，在发展中不断创新。

一、民主立法与专家咨询相结合

科学立法离不开民主立法，民主立法是科学立法的前提和保障。浙江为了做好立法工作，充分吸取民意，坚持开门立法，落实立法民主化。以宁波市为例，人大及其常委会对审议的地方法规，采取召集人大代表、各阶层人士和有关组织代表座谈会的形式，直接听取利益相关方对法规草案的意见，对一审后的法规草案，均采取全文登报、网上公告的方式，广泛征求社会公众的意见；市政府坚持政府网站全文刊登规章草案，并研制面向社会公众的立法草案意见征集系统软件，着力提高立法意见处理的效率。为了提高立法的科学性，宁波市坚持民主立法与专家咨询相结合，市政府组建了行政立法专家库，聘请了 15 名省、市法律界专家和学者为专家库首批成员。宁波市在立法中还十分注重坚持地方性法规与政府规章协调立法，建立了立法工作联席会议、立法项目起草工作动态管理等有关工作制度。

鉴于民主立法的机制创新下面有专门一节做介绍，此处不详述。除加强民主立法的工作机制以外，浙江地方立法还在科学编制立法计划、完善地方立法监督程序等方面有创新举措。

二、科学编制地方立法计划

(一)科学编制立法计划的意义[①]

立法计划是有立法权的地方人大对年度内制定、修订和废止地方性法规做出的设想和部署,是为常委会会议审议地方性法规案事先做出的工作安排。科学合理地编制立法计划,是加强立法工作、提高地方立法质量的必然要求,是立法工作走向规范和成熟的重要标志。科学地编制立法计划,不仅能使立法工作有目的、有计划、有步骤地进行,而且编制立法计划本身就是把握情况、协调关系、解决问题的过程,为制定"良法"奠定了基础;立法计划本身的质量不高、不科学,就难以保证今后的立法工作顺利进行、制定出高质量的法规。科学合理的立法计划能够体现地方立法在整个国家立法体系中的地位,从立法源头上避免"越权立法"和"重复立法"现象,发挥地方立法应有的作用。

通过调研,浙江地方立法中,由于缺乏统一的制度,在立法计划的制订和实施中,还存在一些问题,如立法建议项目的征集途径过于狭窄,征集方式单一;立法建议项目论证的主体、内容和方式不够明确,论证过程中存在随意性;部分立法计划制定项目缺乏充分调研和科学论证,匆促立项或随意增减,影响了立法的严肃性、科学性;有的部门和单位没有严格按照立法计划的要求如期完成调研和论证工作,影响了下一年度的立法工作等。这些普遍存在的问题如不加以解决,就会影响到地方立法的质量。而这些问题的解决有赖于科学合理地编制立法计划。

(二)地方立法计划编制的实践

立法计划的编制是关系到立法工作质量的重要环节。为了保证地方立法与社会现实相适应,浙江有立法权的地方人大都能坚

---

① 田禾主编,吕艳滨副主编:《广东经验:法治促进改革开放》,社会科学文献出版社 2012 年版,第 231 页。

持以动态的眼光、发展的思路，从不断变化的世情、国情、省情、市情出发，不断增强地方立法工作的针对性、前瞻性和实效性；把服务改革发展稳定大局和解决经济社会发展中的制度性深层次矛盾作为立足点，认真做好地方性法规和政府规章的立、改、废工作。下面以宁波市人大为例做一说明：

为了做好立法计划的编制工作，宁波市第十二届人民代表大会常务委员会于2004年5月制定了《宁波市人民代表大会常务委员会立法计划制定办法》，将立法计划制订工作细分为征集、论证立法建议项目和拟订、通过、调整立法计划等环节，分别加以规范。

以2012年宁波市立法计划的编制工作为例，宁波市人大常委会在制订2012年立法计划时提出，以邓小平理论和“三个代表”重要思想为指导，以科学发展观为统领，按照完善中国特色社会主义法律体系的总要求，在总结本届地方立法工作经验的基础上，紧紧围绕宁波市“十二五”规划主线，紧紧围绕发展社会主义先进文化要求，将社会管理、民生保障和文化产业方面的立法作为立法重点。在制定新法规的同时，宁波市人大还强调要把修改完善已有法规摆在更加突出的位置，积极探索科学立法、民主立法的新思路新办法，更好地发挥市人大及其常委会的立法主导作用，为宁波市的经济社会发展提供更加有力的法制保障。

根据立法计划制定地方法规规章的程序，宁波市人大常委会办公厅于2011年8月上旬向市级各有关部门和单位、各县(市、区)人大常委会、政府，社会各界和市人大代表小组发出书面通知，征集2012年立法建议项目，共收到立法建议项目近20件。法工委将建议项目进行了汇总、整理，并分送各工委、市政府法制办进行初步论证，同时对2011年立法论证调研项目实施情况、市人大有关专门委员会对代表立法议案审议结果、本届人大常委会立法规划项目库的实施情况以及法规清理后续工作情况等进行了综合分析。围绕全市工作大局，本着急需先立、立改废并重和少而精的原则，法工委与各工委和市政府法制办、有关部门进行反复协商，提出2012年立法计划(征求意见稿)，分送各部门、各县(市、区)人大常委会和政府、市人大常委会委员和代表小组，并在《宁波日报》和宁波人大信息网刊登通告向全社会公开征求意见。其间，法工委会同有关工委对拟列入立法计划的四个制订或修改项目召开了立项论证会，进行必要性、合法性、可行性论证；通过市政府法制办向市政府征询对立法计划（草案）的意见，同时与省人大常委会立法计划进行衔接；法工委全体会议也对立法计划（草案）进行了研究讨论。

在上述工作的基础上，宁波市人大常委会确定2012年立法计划由三部分组成，其中，制定和修改项目（共六件）为：(1)《宁波市出租汽车客运管理条例》（修订）；(2)《宁波市公共汽车客运条例》（修改）；(3)《宁波市市容环境卫生管理条例》（修订）；(4)《宁波市民办博物馆条例》；(5)《宁波市献血条例》（修订）；(6)《宁波市宗教活动场所管理办法》（修改）。其中，《宁波市公共汽车客运条例》（修改）是因为公交行业管理部门的调整，管理职能由市城管局移交市交通运输委，需要及时修改相应条款。《宁波市市容环境卫生管理条例》（修订）是2008年立法论证调研项目。按照法规清理的要求，需要对相关行政强制方面的内容做适当修改。同时，随着宁波市城市化的进一步深入，《宁波市市容环境卫生管理条例》已不适应当前市容环境卫生管理工作新要求，有必要进行修改和完善。考虑到修改内容较多，采用的是修订方式。其他四个项目属于2011年立法论证或调研项目，已经宁波市人大常委会有关工委会同有关单位论证调研，具有立法的必要性和可行性。废止项目（共一件）为《宁波市外国企业常驻代表机构管理条例》。该《条例》制定于1995年，已不适应实际需要，其大部分内容已被2011年3月1日施行的《外国企业常驻代表机构登记管理条例》（国务院令584号）所涵盖，故需要废止。论证或调研项目（共六件）为：(1)《宁波市养老服务促进条例》；(2)《宁波市工资集体协商办法》；(3)《宁波市职业技能培训与考核条例》；(4)《宁波市企业安全生产标准化建设条例》；(5)《宁波市溪口雪窦山风景名胜区条例》；(6)《宁波市燃气管理条例》（修改）。这些项目将分别由宁波市人大常委会有关工委牵头，组织有关单位进行论证调研，并向主任会议提出论证或调研结果的报告，为常委会制订下一年度立法计划提供依据。

三、完善规范性文件备案审查程序

规范性文件备案审查是地方人大常委会的一项重要法定职权，是地方人大常委会行使监督权的重要手段。例如宁波市人大为了做好这项工作，很早就制定了《宁波市规章备案审查程序规定》(2001 年 9 月 26 日市十一届人大常委会第三十次会议通过，2005 年 7 月 21 日市十二届人大常委会第五十三次主任会议修改)。根据该规定，市人民政府规章应当在公布后的 30 日内由市人民政府报市人大常委会备案，报送备案的文件包括备案报告、市人民政府令、规章文本、说明等，市人民政府法制工作机构应当在每年 1 月底前将上一年度的规章目录(含公布时间)报送市人大常委会法制工作委员会备查。为了加强对规章的监督，该规定要求，市中级人民法院、市人民检察院和各县(市、区)人大常委会认为规章超越法定权限，限制或者剥夺公民、法人和其他组织的合法权利，或者增加公民、法人和其他组织的义务的，同法律、法规规定相抵触的，或者有其他不适当的情形的，可以向市人大常委会书面提出进行审查的要求，由市人大常委会法制工作委员会报秘书长批请有关专门委员会进行审查。

以宁波市 2011 年的规范性文件备案审查工作为例，市人大常委会当年共收到市政府报送备案的规章 8 件，其他规范性文件 59 件；共收到县(市、区)人大常委会报送备案的规范性文件 11 件，其中江东区人大常委会报送 8 件，象山县人大常委会报送 2 件，镇海区人大常委会报送 1 件。宁波市人大常委会法工委将各有关专门委员会的审查意见、建议和自身主动审查中提出的初步意见进行了汇总分析，认为从法律审查角度来看，报送备案的规范性文件，基本上不存在与现行法律法规相抵触之处或者明显不适当的问题，但也发现个别规范性文件的有关规定与现行法律、法规的有关规定之间存在衔接不够严密的现象。例如《宁波市建筑垃圾管理办法》中第十四条第一款列举的“申请建筑垃圾经营服务企业资格许可”的条件，与建设部根据《国务院对确需保留的行政审批项目设定行政许可的决定》(国务院令第412号)做出的《关于纳入国务院决定的十五项行政许可的条件的规定》中第四项“城市建筑垃圾处置核准”的条件，在表述上存在不一致之处，容易产生歧义，可能会影响国家有关规定的正确理解和实施。宁波市人大常委会法工委就此专门与市法制办进行了沟通，请制定机关对有关规定的合法性、必要性、可行性等问题进行解释，并就有关情况做出书面说明。

第三节 民主立法的杭州实践

一、杭州市民主立法的实践:《物业管理条例》修订始末

要提高立法质量，必须坚持科学立法、民主立法。把立法的大门打开了，就能更加广泛地听取社会各方面的意见和建议，汇聚民意，集中民智。已于2014年5月1日起施行的《杭州市物业管理条例》，在新修订过程中始终坚持民主立法，开大门，接地气，听民声，纳民意，先后有5000余名市民参与修法。

2012年下半年，市人大城建环保委提前介入立法程序，与负责起草条例修订草案的市住保房管局沟通协商，召开座谈会听取各方意见建议。2012年12月30日，《物业管理条例修订草案》提交市十二届人大常委会第五次会议初审。2013年1月，杭州人大网首次公布了《物业管理条例修订草案》全文，向社会公开征求意见建议。1月至3月，市人大常委会分管副主任带队，由法制委员会委员、法制专业代表小组代表、法工委工作人员组成的调研组，开展了深入的立法调研。调研组先后赴西湖、上城、滨江、余杭等地召开座谈会，先后3次赴市住保房管局进行立法沟通，并专程赴物业管理比较先进的上海学习考察。3月20日，市十二届人大常委会第十三次主任会议，讨论通过了法制委员会提交的立法听证会

方案，确定将社会关注度高、争议较大的5个问题作为听证内容[①]。3月29日，立法听证会如期举行。130余人到会，18名听证陈述人和11名旁听人进行了发言。面对调研和立法听证会中越来越集中地体现出来的矛盾问题，法制委员会及时将条例修订草案送省人大常委会法工委征求意见，委托市人大常委会立法咨询委员会进行论证。与此同时，法制委员会也开展了书面的征求意见工作，将条例修订草案印发各区、县（市）人大常委会以及部分市人大代表征求意见。4月12日，法制委员会举行会议，在广泛征求意见、深入研究论证的基础上，对《物业管理条例修订草案》进行审议修改，形成了草案修改稿。

4月24日，市十二届人大常委会第八次会议对条例修订草案修改稿进行二审，听证报告也及时提交人大常委会会议审议。法制委员会对二审中委员们的意见进行了梳理，提出有些问题还要进一步调查研究。5月初，法制委员会先后赴下城、临安两地调研。调研中有人认为全国首家在温州登记产生的具有社团法人资格的业主大会解决了业主大会的地位问题。为此，法制委员会专程赴温州，考察业主大会社团法人登记的做法。5月12日，在常委会二审及调研的基础上形成的条例草案修改二稿在《杭州日报》、杭州网、杭州人大网上全文公布，再次向社会公开征求意见。为使公众对条例修改的过程和主要内容有更充分的认识，《杭州日报》配发了答记者问，法制委员会负责人介绍了立法进程，回答了一些社会关切的问题。

5月下旬，条例草案修改二稿再次印发全体市人大代表、法制专业小组、市级有关部门、区（县、市）人大常委会以及听证会全体听证陈述人征求意见。6月4日至6日，为深入了解物业管理实践

---

① 这5个方面的听证内容为：“（一）物业费的收取及标准；（二）街道办事处、乡（镇）人民政府及社区居委会职责；（三）物业自行管理的模式；（四）物业使用禁止行为的规范；（五）你认为对反映强烈的“群租”现象是否应在物业管理条例中进行规定？如果有必要，如何进行规定……”

中面临的矛盾和难点问题，法制委员会先后赴丁桥景园北苑、西湖花园、新明半岛、萧山四季花城等12个住宅小区进行调研。6月14日，针对前期调研中有关方面反映的物业服务纠纷诉讼难问题，法制委员会赴市中院召开座谈会，就全市物业服务纠纷案件的审理情况以及存在的难点问题，听取市中院和部分基层法院的意见。7月2日，为保障法制统一与提高可操作性，市人大常委会分管副主任率法工委专程赴省人大，与省人大常委会法工委进行深入讨论交流。8月9日，法制委员会举行会议，对条例修订草案修改二稿进行了审议。8月19日，法制委员会借鉴全国人大常委会的做法，首次对法规草案进行了立法前评估。8月22日至23日，市十二届人大常委会第十二次会议对条例修订草案进行了三审，最终高票表决通过。

二、杭州民主立法实践的制度创新点

《杭州市物业管理条例》的修订在本届浙江省杭州市人大常委会立法工作中创造了多项首次：首次召开立法听证会、首次向全体市人大代表征求意见、首次实行三审制和隔次审议、首次进行立法前评估……历时两年的《杭州市物业管理条例》修订，成为科学立法、民主立法的生动实践。

（一）人大代表提出议案，启动条例修订

这次条例修订起因于2012年4月，在杭州市十二届人民代表大会第一次会议上，杨一青等10名市人大代表向大会提交议案，列举物业管理中遇到的种种问题，如物业公司突然撤出，物管形成真空；更换物业公司后，新老公司不交接，小区门口两家保安同时站岗对峙；电梯坏了，无人无资金管理维修，一停数月；业委会不尽职，业主大会难召开等问题，认为从2002年2月1日起实施的《杭州市物业管理条例》已经滞后，建议立法机关尽快启动对该条例的修订工作。经过研究论证，稍后召开的杭州市十二届人大常委会第一次主任会议决定将物业管理条例修订列为2012年立法项目。

人大代表代表人民群众的利益，依法行使当家做主、参与国家立法活动等权力。启动物业管理条例修订工作，就源于人大代表议案。参与地方立法，是人大代表履行职责的一项重要内容，在杭州市人大常委会立法过程中，理应尽可能广泛动员吸纳人大代表参加。

（二）举行立法听证会，当面听取群众意见

因物业管理涉及千家万户切身利益，《杭州市物业管理条例》自 2012 年进入修订程序后，杭州市人大常委会就把充分听取人民群众意见作为一件头等大事来抓。适应新媒体时代特点，在两年多修订过程中，杭州市人大常委会一直坚持在网上公开征求意见，从修订草案到修改稿，再到修改二稿，每修改一次，都在《杭州日报》、杭州网、杭州人大网上全文发布，公开向社会征求意见。杭州市人大常委会法工委还通过官方微博，及时发布相关立法消息，积极和网民互动。市民对此反应热烈、踊跃参与。

除了通过网络渠道了解民意，杭州市人大还举行立法听证会，当面听取群众意见。2013 年 3 月 29 日，杭州市人大法工委就此召开立法听证会，当面听取人民群众意见。该次听证会共有 120 多名市民报名要求参加，考虑到代表性等因素，杭州市人大按照报名顺序，并兼顾所持观点、所在区域、代表的利益群体等，遴选确定了 18 位市民作为听证陈述人，其余全部转为旁听人。听证会上，杭州市人大常委会分管副主任等作为听证人参加会议，市政府部门负责人、部分市人大代表作为指定旁听人旁听了会议。18 位听证陈述人发表了听证陈述，11 位旁听人也做了发言，3 小时的听证会上，没有出现一分钟空当，各种不同的观点正面交锋，充分表达。

（三）实行三审和隔次审议制

为了使立法更加接地气，立法听证后，杭州市人大常委会根据群众意见对条例草案进行修改，并将修改二稿印发给全体市人大代表征求意见，这在杭州市人大立法史上也是第一次。杭州市人大常委会十分重视人大代表提出的意见建议，征集到的每一条意

见都要高度重视，认真研究，采纳与否都要讲出道理。

修订期间，杭州市人大法制委先后在西湖、余杭、萧山等区、县召开了7个座谈会，在物业管理小区召开了12个座谈会，在杭州市中院召开了基层法院代表座谈会，广泛认真听取各界代表的意见建议，加上立法听证会征集到的各方意见，共梳理出249条意见。对每一条意见，杭州市人大法制委都认真进行了分析研究，逐条审议、层层把关，拟定修改意见。尽管有些意见十分尖锐，甚至以指责的、威胁的语言要求按照其意见修改条例，但杭州市人大常委会的态度是，不能因为批评尖锐，就对意见不加理会；也不能因为批评尖锐，就对意见轻易采纳。

这次条例修订实行三审制和隔次审议，这一做法也为杭州市人大常委会组成人员能有充足时间深入研究法规草案、充分表达意见创造了良好条件。

三、杭州市民主立法实践的示范价值

（一）“质检关”前移，实行立法表决前评估

杭州此次修订物业管理条例，重视法律草案表决前评估。这是开门立法的创新实践，通过关口前移，有助于实现科学立法。原则上每一部法律法规出台前均应接受表决前评估，都应当过这道“质检关”。需要指出的是，表决前评估不宜让立法部门唱主角，而应当让第三方的民间团体和民间人士唱主角，这样才会更加客观真实。评估论证会最重要的是确定与会人选，只有找对人，才能客观、全面、准确地反映对法律草案的意见。评估论证的内容，主要是针对草案的可行性、出台时机、实施效果及实施中可能出现的问题进行讨论，对法律实施的效益与成本进行分析，包括对拟立法规实施后产生的经济效益、社会效益的预测和分析，以及对其立法成本、宣教成本、执法成本、守法成本的预测和分析。

（二）开门立法，多渠道听取民众意见

物业管理工作涉及面广，除了直接相关的业主、业委会、物业

服务企业以外，还涉及街道、社区、住建、城管、发改、民政、法院、公安、消防等方方面面的工作。立法应求取社会最大公约数，为此，立法机关开展了广泛深入的调研，听取基层单位、群众的意见建议。法制委员会分阶段赴七个区、县(市)，召开各层面座谈会，分别邀请人大、法院、住建、物价、民政、税务、公安、消防、街道、社区、物业服务企业等单位和业委会代表、业主代表参加会议，认真听取意见建议。

与此同时，法制委员会还面对面听取特定人群的意见建议。先后赴 12 个物业管理方面存在突出矛盾的小区，与小区内的业主、业委会成员、物业服务企业工作人员等进行面对面的交流，共同探讨立法如何解决物管实践中遇到的矛盾和问题。针对物业管理现状，先后 3 次赴市住保房管局，了解近年来物业服务企业的经营状况、业主委员会的建设情况、物业服务纠纷投诉及处理基本情况；针对物业纠纷诉讼难等问题，召开座谈会，听取市中级人民法院与五个基层法院介绍物业纠纷的审理情况；针对业主大会地位问题，专程赴温州，考察全国首家业主大会社团法人登记的做法。

(三)让专家“智囊”作用得到充分发挥

专家学者一直是市人大常委会加强立法工作的重要力量。在立法工作中，邀请独立于法规起草单位和执法部门之外的专家，可发挥专家的“第三方”作用。他们立场上的相对中立，在一定程度上遏制了法规制定中的各种利益倾向，增强了法规的公正性和科学性。从法规草案的调研、起草、论证，乃至评估等每一个环节，市人大常委会都注重发挥专家学者的专业优势，效果十分明显。

在条例草案表决前，法制委员会首次召开了立法前评估会议，邀请省人大法工委、市法制办、浙江大学等长期从事立法工作及教学的专家学者，部分市人大代表对即将提请常委会审议的条例修订草案再次进行“问诊把脉”。在立法项目论证、立法咨询委员会论证、召开专家论证会的基础上，市人大常委会再次借用“外脑”，发挥专家学者的“智囊”和参谋作用，为地方立法工作提供强大的智力支持。

（四）创新立法工作机制，发挥人大代表的主体地位

人大代表代表人民的利益和意志，依法参加行使包括立法权在内的国家权力。为了尊重代表的主体地位，市人大常委会创新立法工作机制，充分调动市人大代表参与立法工作的积极性。一方面，重视代表提出的立法建议，根据代表议案启示立法工作。《杭州市物业管理条例》修订工作的启动就源于 2012 年多位代表提出的议案和建议；另一方面，重视听取代表意见。市人大常委会首次将条例修改二稿印发全体市人大代表征求意见，邀请代表参加立法座谈会、立法听证会、立法前评估工作会议。在法规草案审议时，市人大常委会尽量选择工作内容和业务范围与法规内容相关或者联系密切的人大代表列席常委会会议，便于人大代表提出更有针对性、可行性的意见和建议。

第四节　立法引领经济社会发展

法乃国之重器。新形势下浙江省人大非常重视加强和改进地方立法工作，始终把提高立法质量放在更加突出的位置，使法律准确反映经济社会发展要求，更好地协调利益关系，发挥立法对改革发展的引领和推动作用。

一、立法引领和保障改革发展

浙江省人大根据改革发展对制度的需求，大胆创新，先行先试，立法设计出符合经济社会发展规律的新型制度。

例如，温州是民营经济发达地区，而金融是经济的“血液”，长期以来，融资难成为民营经济进一步发展的瓶颈问题，能否破解这一金融难题，被外界看作未来民营经济转型升级的风向标。2013 年 11 月，省人大常委会着手制定并通过我国第一部规范民间借贷的地方性法规，即《温州市民间融资管理条例》。该条例已于 2014

年3月1日起施行。该法规明确了三种主要的民间融资方式和三类民间融资服务主体，创设了民间借贷备案制度，强化了民间融资风险防范和处置机制。金融综合改革是温州全面深化改革的重中之重，《温州市民间融资管理条例》的出台为温州全面深化改革提供了强大的法规支持，必将对温州发展提升民营经济、支持中小企业转型升级、振兴实体经济产生积极的推动作用。

民间借贷备案制度对于促进民间借贷阳光化、规范化，健全民间借贷信用体系有重要作用，且具有可操作性和实用性。这是全国首部规范民间融资行为的地方性法规，堪称地方金融法治的示范和样本，具有里程碑式的意义。特别是该法规首次创设了大额民间借贷的备案制度，更是地方立法先行先试的有益探索。

二、立法参与和推动社会治理创新

立法本身就是一种社会治理能力的建设，它推动社会治理体系不断完善和更新。地方立法在国家法律和社会治理之间承担着落实和转化的法治功能。地方立法应该把国家法律落实到社会治理的实际层面和具体事务中。① 浙江省人大在地方立法中，重视把解决社会问题、调整社会关系、化解社会矛盾和加强社会治理紧密结合起来。

例如，浙江省违法建筑问题越来越突出，不仅阻碍了城乡正常建设和发展，也影响到城乡品位和形象，损害社会公共资源和利益。2013年初，据省住房和城乡建设厅负责人介绍，浙江全省存量违法建筑达7727万平方米，估计实际量超过1亿平方米。违法建筑处置工作涉及面宽、社会影响大、社会关注度高，亟须立法先行提供法制保障。2013年7月，省人大常委会通过了《浙江省违法建筑处置规定》。该法规依据城乡规划法、行政强制法的规定，有针对性地设立即查即拆制度，对城镇违法建筑当事人经责令拒不停

---

① 参见李林、田禾主编：《中国地方法治发展报告NO.1(2014)》，社会科学文献出版社2015年版，第78页。

止建设的情形，规定行政机关有权采取拆除继续建设部分的措施。该法规将国家法律内容落实到了浙江省地方拆违的社会治理实践中。

该法规对违法建筑的认定、正在建设的违法建筑的处置、违法建筑处置的协同机制、拆后土地利用、当事人合法权益保障等问题做出了规定，既明确了政府职责，推进了违法建筑的防控和治理工作，又坚持了以人为本，保障当事人的合法权益。

三、立法推动制度创新和政府职能转变

改革是一场深刻的革命。适应全面深化改革新形势，新一届省人大常委会努力实现改革决策与立法决策相结合，充分发挥了立法在平衡、调整、规范各种利益关系方面的重要作用，在法治轨道上不断推动制度创新和政府职能转变。

例如，行政许可的设定和取消，是社会关注的热点。多年来，“取消举办人才交流会许可”“取消有害废物经营活动许可”“取消单独选矿许可”“取消小型锅炉房设计方案许可”成为人们的呼声。回应社会的要求，2013 年 12 月，省人大常委会通过了《关于修改〈浙江省人才市场管理条例〉等八件地方性法规的决定》，以“打包”方式集中修改八件地方性法规，取消举办人才交流会许可、单独选矿许可等 9 项行政许可事项。深化行政审批制度改革，进一步简政放权，加快政府职能转变，是党的十八大提出的重要任务。这次集中修改八件地方性法规，取消多项行政许可事项，其目的正是深化行政审批制度改革，促进政府职能转变，进一步激发市场、社会的创造活力，可谓顺应了时代要求，承载了民意期待。

四、立法坚持民生为本，保障公民合法权益

立法应坚持民生为先，践行群众路线。浙江省人大始终把实现好、维护好、发展好人民群众的根本利益作为地方立法工作的出发点和落脚点，正确处理好权力与权利、权力与责任、权利与义务的关系，科学平衡不同利益需求，促进社会公平正义。这些民生法

规的出台，正是坚持立法为民，让全省人民共享改革发展红利的生动诠释。

例如，针对群众关注的民生计量问题，2013 年 7 月，省人大常委会通过《浙江省计量监督管理条例》，对水、电、气、热能、燃油(气)、通信、房地产等商品和服务的计量监督管理做了规定，维护公民、法人和其他组织的切身利益。2013 年 9 月，省人大常委会还修订通过了《浙江省实施〈中华人民共和国献血法〉办法》，取消临床用血互助金制度，实现献血工作由变相强制性向自愿性的转变，降低终身免费用血的献血标准，增加对献血者关爱的规定，保障公民合法权益。

再如，近年来，浙江大部分城市都曾出现雾霾天气，大气污染状况令人担忧。特别是 2013 年 12 月初那场大范围的严重雾霾天气，更是引发了社会各界的深切关注。机动车大气污染是影响城市大气环境质量的重要因素，为防治机动车排气污染，2013 年 11 月，省人大常委会通过了《浙江省机动车排气污染防治条例》。该法规充分体现源头治理、全程治理、综合治理的精神，明确严格排放标准，合理控制机动车保有量，鼓励使用清洁能源汽车，加快淘汰黄标车，加强杭城街头行驶的电动汽车污染检测等内容，并进一步明确管理部门职责，保护和改善大气环境，保障公众身体健康。

第五节　科学立法、民主立法的发展空间与展望

近年来，浙江坚持从经济社会发展实际出发，围绕中心、开拓创新，不断完善具有浙江特色的地方性法规规章体系，建立健全科学立法、民主立法工作机制，完善立法程序，提高立法质量，基本形成了与国家法律法规相配套，与浙江省经济社会发展相适应的比较完备的地方法规规章体系，有力推动了省域层面社会治理的有法可依、有法必依。同时，我们必须清醒看到，与经济社会发展、民主法治建设和广大人民群众的新要求新期待相比，浙江在地方立法、法律制度的建立健全等方面还存在许多与新形势新要求不适

应、亟待解决的问题。科学立法、民主立法的制度发展空间仍然很大，需要继续推进制度创新，不断完善地方立法体制和立法工作机制。

一、要继续完善地方立法体制机制

必须加强党对立法工作的领导，完善党委对地方立法工作中重大问题决策的程序。有立法权的地方人大制定五年立法规划，报同级党委批准。地方立法涉及本行政区域内重大体制和重大政策调整的，必须报同级党委讨论决定。地方性法规制定和修改的重大问题，人大常委会党组应向同级党委报告。坚持党委研究重要法规、规章草案制度。

应该健全有立法权的人大主导立法工作的体制机制。建立健全专门委员会、工作委员会立法专家顾问制度。逐步增加提请人民代表大会审议通过法规数量。加强人大对地方立法工作的组织协调，健全立法项目立项、起草、论证、协调、审议机制，健全向下级人大征询立法意见制度，推进实施基层立法联系点制度。全面实行法规草案起草小组制度，落实人大专门委员会、常委会工作机构和政府部门、社会力量共同参与立法调研起草工作机制。推进实施人大代表分专业有重点参与常委会立法制度，增加人大代表列席人大常委会会议人数，更多发挥人大代表参与起草和修改法规作用。健全立法机关主导、社会各方有序参与立法机制，探索委托第三方起草法规规章草案。

二、要深入推进科学立法、民主立法

现有立法机制仍不够健全，要进一步提高群众参与立法的程度，不断提高立法科学化、民主化水平，提高法律的针对性、及时性、系统性，力求使法律准确反映经济社会发展要求，更好协调各方面利益关系；要不断创新开门立法方式，创新公民旁听、代表列席、网络直播等公众参与立法的途径；要不断健全立法听证、专家咨询、公开征求意见等科学民主立法的机制。

健全立法机关和社会公众沟通机制，开展立法协商，探索建立有关国家机关、社会组织、专家学者等对立法中涉及的重大利益调整论证咨询机制。深化立法项目公开征求意见和逐项论证评估机制，健全法规规章草案公开征求意见和公众意见采纳情况反馈机制。要建立重要条款单独表决机制。

三、要进一步发挥立法对改革和发展的引领、保障作用

要完善立法规划，突出立法重点，坚持立改废并举，进一步发挥立法在深化法治浙江建设中的引领和推动作用，为经济社会全面协调可持续发展提供强有力的法制保障。要注重加强重要领域立法工作，围绕省委提出的以治水倒逼转型升级和实施创新驱动发展战略，“建设美丽浙江、创造美好生活”“五水共治”“四换三名”“三改一拆”，推进“四大国家战略举措”和推进和谐社会建设等方面。要突出立法解决地方社会问题、协调利益关系和推进社会治理的作用，要把立法、执法、司法、普法和法律监督等各环节有机结合起来，切实把“法制主治”的要求落到实处。

第五章　浙江地方治理与依法行政

第一节　依法行政概况

依法行政的目标就是要建设"法治政府",其本质要求是"一切行政活动只能在法律的规范和制约下进行,从而保证行政权力的运用符合法律所集中体现的意志和利益并防止行政权力的扩张和滥用,实现和保障公民、法人和其他组织的合法权益"。[1] 依法行政的核心要素为科学确权、规范行权、监督制权、考核框权,从权力的产生、运行、制约、监督方面全方位确保合法性、正当性。

一、我国依法行政的战略目标

20 世纪 80 年代以来,中国法治建设得到迅速的恢复和发展,有效保障了中国特色社会主义建设事业有序推进。1997 年,中共十五大报告正式提出"依法治国,建设社会主义法治国家"的治国方略。1999 年,九届全国人大二次会议将"依法治国,建设社会主义法治国家"写进《宪法》;同年,国务院出台《关于全面推进依法行政的决定》,首次以国务院文件形式明确提出"依法行政"的基本要求。2002 年,中共十六大将发展社会主义民主政治,建设社会主义政治文明,作为全面建设小康社会的重要目标之一,并且明确提出"加强对执法活动的监督,推进依法行政"。2004 年,国务院出台《全面推进依法行政实施纲要》,规定了未来 10 年全面推进依法行

① 马凯:《加快建设中国特色社会主义法治政府》,《求是》2012 年第 1 期,第 8 页。

政的指导思想和具体目标、基本原则和要求、主要任务和措施，并首次提出建设“法治政府”的施政目标。2010年，国务院出台《关于加强法治政府建设的意见》，进一步明确了当前和今后一个时期推进依法行政的重点任务。

自十八大以来，围绕全面建成小康社会这一总目标，十八届三中全会研究部署了全面深化改革，十八届四中全会则研究部署全面推进依法治国。十八届四中全会将法治国家建设的目标明确为：在中国共产党领导下，坚持中国特色社会主义制度，贯彻中国特色社会主义法治理论，形成完备的法律规范体系、高效的法治实施体系、严密的法治监督体系、有力的法治保障体系，形成完善的党内法规体系，坚持依法治国、依法执政、依法行政共同推进，坚持法治国家、法治政府、法治社会一体建设，实现科学立法、严格执法、公正司法、全民守法，促进国家治理体系和治理能力现代化。依法行政作为法治中国建设的重要环节被提出。

二、浙江法治政府建设的目标

在我国推进依法治国，加快法治政府建设进程的大背景下，浙江省委、省政府与时俱进，坚持以科学发展观为统领，以加快建设法治政府和构建社会主义和谐社会、全面建设小康社会为目标，认真贯彻实施国务院颁布的《全面推进依法行政实施纲要》，全面推进依法行政工作。2004年1月，省政府下发了《关于贯彻落实全面推进依法行政实施纲要的意见》，提出到2008年，《纲要》确立的基本原则、基本要求在浙江省政府工作中得到有效的贯彻；2006年4月26日，中共浙江省委十一届十次全会通过了《关于建设“法治浙江”的决定》，对浙江现代化建设总体布局做了进一步完善，把推进依法行政、建设法治政府作为“法治浙江”建设的关键之一，并纳入了党委工作的大局；省政府随后又下发了《关于推进法治政府建设的意见》，提出在“十一五”期间，要经过各级政府和部门的共同努力，基本实现职权法定、依法行政、有效监督、运转高效的法治政府目标，进一步明确了建设法治政府的总体要求工作目标和主要任务;按照省委、省政府的统一部署,浙江省各级行政机关采取了众多行之有效的措施,全面推进依法行政。

2014 年年底,中共浙江省委按照《中共中央关于全面推进依法治国若干重大问题的决定》的部署,结合浙江实际,研究了全面深化法治浙江建设问题,审议和通过了《中共浙江省委关于全面深化法治浙江建设的决定》(以下简称《决定》);省委《决定》深入贯彻中央关于全面推进依法治国重大决策部署,认真总结过去 8 年法治浙江建设的成功经验,提出了在新的起点上全面深化法治浙江建设的总体要求、目标任务和具体举措,是当前和今后一个时期全面深化法治浙江建设的行动纲领。

2015 年 1 月,浙江省政府常务会议通过了《浙江省人民政府关于深入推进依法行政加快建设法治政府的实施意见》(以下简称《意见》),省政府《意见》提出“率先基本建成职能科学、权责法定、执法严明、公开公正、廉洁高效、守法诚信的法治政府”的宏伟目标,同时明确法治政府建设的内容主要包括:依法全面正确履行政府职能;加强和改进政府立法;健全依法决策机制;深化行政执法体制机制建设;坚持严格规范公正文明执法;强化行政权力监督和制约;全面推进政务公开;依法化解社会矛盾纠纷等方面。

三、浙江法治政府建设成效概要

自法治浙江建设以来,浙江省的依法行政工作是卓有成效的,已经取得了如下成就:

(一)政府职能不断优化,权力边界渐趋清晰

首先,政府职能得到转变与精简。随着新一轮政府职能转变和机构改革工作的推进,浙江省各地纷纷起草出台了政府职能转变和机构改革方案,因地制宜地提出政府职能转变、机构改革、体制机制调整、机构编制管理的整体方案,较好地推行了行政管理体制改革,推动政府职能向创造良好发展环境、提供优质公共服务、维护社会公平正义转变。如,舟山市政府深入贯彻行政许可法,开

展行政许可项目、依据、主体、收费等清理,大幅度减少了行政许可"审批"事项;并在规范行政审批中心工作的基础上,开发了三级联动网上办事系统,使434项行政许可项目中的358项可以在线办理,在线率达到82.4%,既提高了行政效能,又方便了群众。又如,宁波市北仑区2014年9月开始积极推进联审联办、模拟审批和审批代办,成为全省审批效率最高、投资环境最优的区域之一;2014年,北仑区行政服务中心各窗口共受理各类办件70余万件,平均日办件3600余件;各窗口按时办结率为100%,提前办结率为95.48%,服务对象综合满意率达到99.7%。真正做到该放的权放开放到位、该管的事管住管好。通过简政放权,充分发挥政府、市场和社会各自在资源配置中的应有作用,做到政府的归政府、市场的归市场、社会的归社会。行政服务"一个窗口对外""一站式办公",既便于群众办事,又能对部门权力运行进行有效监督。现在,全省各市、县(市、区)均建立了行政服务中心,简化了办事程序,缩短了办事时长。政府对微观事务的管理大幅减少,普通群众从中得到了很多实惠。

其次,"清单"的梳理工作稳步推进。浙江省于2013年11月起,在全国率先启动"三张清单一张网"建设。2014年7月又在全国率先部署"责任清单"工作,逐步形成"四张清单一张网":政府权力清单、企业投资项目负面清单、财政专项资金管理清单、责任清单和浙江政务服务网。这标志着政府自身改革进入了一个以权力清单制度为突破口、推进政府治理现代化的新阶段。省级部门通过简政放权,权力事项"缩"至4236项,并按照行政许可、行政处罚、行政强制等10类列出,同时明确"未在权力清单上列出的权力项目今后不得行使";2014年6月26日开通了浙江政务服务网,网上列出了省级部门的所有权力清单,群众足不出户,就能上网办成事情。各地县(市、区)等政府的简政放权改革也取得了很大的成效,例如宁波市北仑区,涉及行政权力事项的部门38家,共梳理出行政权力8017项,最终保留34个部门的行政权力3671项,减少4346项,精简比例为54.2%。同时,浙江省扎实推进了责任清单的编制，明确政府部门“法定职责必须为，不为就是失职失责”。

最后，职权交叉、重叠、多头管理问题得到改善。浙江省开展了城市管理领域的相对集中行政处罚权工作和综合执法体制改革。例如，宁波市北仑区一是积极推进食品药品监管体制改革。整合了北仑区、大榭开发区工商和食品药品监管职能及机构，按街道（乡镇）设置市场监管所，实行“双重管理、以条为主”的监管体制。根据市场监管职责跨区域的实际，按照“职能归并、分块负责、各成体系”的原则，设立区市场监管局大榭开发区办事处，建立区域协作机制，完善统分结合、互商共进的监管模式，通过监管体制改革较好地应对了食品药品监管不力的问题。二是率先试点综合行政执法体制改革。作为全省试点，北仑区根据《浙江省人民政府关于宁波市北仑区深化相对集中行政处罚权工作的批复》（浙政函〔2012〕32 号）和《浙江省人民政府关于宁波市北仑区深化相对集中行政处罚权工作实施方案的批复》（浙府法发〔2012〕50 号），出台了《北仑区深化相对集中行政处罚权工作配合协调机制实施暂行办法》《北仑区行政执法争议协调暂行办法》等规定，与市场监管局建立联席会议制度，加强与国土分局、住建局、民政局、环保局等部门的二级联动机制，进一步明确联络员制度，明确监管和执法的职责，完善了案件移交、信息反馈制度。如今，全省已有 76 个市、县（市、区）开展城市管理领域的相对集中行政处罚权工作，衢州市、义乌市开展综合行政执法试点。在义乌市佛堂镇试点的基础上，我省正稳步在各地中心镇推行综合执法，推动行政执法重心下移。

与此同时，以此为撬动杠杆，浙江省积极推动行政体制改革，实行扩权强县、强镇扩权，合理划分和依法规范县级政府及部门的职能和权限。例如，对舟山群岛新区建设新下放 400 余项管理事项，对义乌市国际贸易综合改革试点新下放 300 余项管理事项，对其他地方新下放 200 余项管理事项。

这些工作的开展，为合理划分和界定行政执法职能，理顺政府层级之间、部门之间的关系，提高行政效能，起到了积极作用。

（二）行政权力的规范化行使程度大幅提升

浙江省严格规范行政决策程序，包括有关重点工程、重点项目及其政府采购、招投标程序等的程序，在行政决策中逐步建立了公开征求意见、合法性审查等制度，决策事项、依据和结果的公开化程度也有了不断提高，有效地推进了科学、民主和依法决策；在行政决策特别是重点工程和重大项目的决策过程中，多数领导按规则决策的意识有了加强。

浙江省加强了执法领域的规范。一方面，强化了传统执法领域的行政执法规范化的建设，如宁波市以部门为单位，对每一项行政许可事项的申请条件、办理时限、收费标准等具体操作环节进行了制度规范。全省各地区的行政处罚、行政许可、行政征收、行政强制等执法程序已基本完善，执法裁量公正、合理；重视对行政自由裁量权行使的规范，如金华市施行了行政自由裁量基准制度等。另一方面，着力推进行政执法责任制。按照国务院的要求，浙江省进一步深化行政执法责任制，通过依法界定执法职责，科学设定执法岗位，规范执法程序，落实行政责任，基本解决了过去存在的“有法不知道、知道不执行、责任不落实”等问题。如省公安厅严格执法过错责任追究，2004 年对连续两年执法质量不合格的一个县级公安机关主要领导追究了执法责任，并予以免职；而后每年都对上一年度执法质量考评中确定的劣质案件予以通报，并实行诫勉谈话制度，促进了行政执法责任制的落实，有力地推动了全省公安系统依法行政工作的开展。行政执法行为逐步规范。“重实体、轻程序”的现象在行政执法中有了明显的改观；过去群众意见很大的“乱罚款”“乱收费”“乱摊派”等已不再成为热点问题；行政审批事项大为缩减，行政效率大为提高，便民服务的原则得到了较好的体现。通过规范行政程序和规则，较好地保证了实体行政行为的合法有效。

行政救济渠道畅通，行政纠纷化解能力进一步提高。首先，行政复议工作制度不断完善。近年来，浙江省行政复议案件呈逐年上升趋势,从2005年开始,全省各级行政复议机关受理的行政复议案件开始超过同期全省各级人民法院受理的行政诉讼案件数量。这反映了浙江省各地群众运用法律维护自身权益的意识在逐步提高,也反映了行政复议工作质量有所提高。为了进一步发挥行政复议在行政监督和解决行政争议方面的功能和作用,省政府将加强行政复议工作的重点放在加强复议机构建设和规范复议工作程序上,以保证依法受理和依法做出决定。全省各地区都重视行政复议工作制度的完善,如宁波市北仑区坚持"以人为本、复议为民"的理念,重视实地调查、听证以及调解和解工作,注重运用调解、和解方式解决纠纷,将调解贯穿案件办理的各个环节,注重协调策略和方法,提高行政调解能力,妥善解决当事人的合法合理诉求。2014年共受理行政复议申请19起,办结12起,并做好省政府2起、市政府3起行政复议案件的答复工作。其次,加强规范性文件的备案审查。省法制办按照"有件必备、有备必审、有错必纠"的原则切实加强了对各地、各部门发布的行政规范性的合法性审查,并严格依法受理公民、法人和其他组织对行政规范性文件提出的异议,从源头上保证行政规范性文件的合法有效,避免违法行政行为的发生。最后,行政首长出庭应诉已成常态,自2012年以来,行政首长出庭率上升幅度明显,其中公安、卫生等9部门的"一把手"出庭率达到100%。部门"一把手"出庭应诉,是浙江首创的一种做法。

(三)政府权力的外部监督有效落实

浙江省对行政执法履职情况进行专项检查,并探索建立行政执法检察监督机制,例如,宁波市北仑区由区"两办"出台《北仑区行政执法检察监督工作暂行规定》,与区政府法制办会签《关于在行政执法检察监督中加强协作配合的意见》,进一步规范行政执法行为,提高行政机关的执法效能。全年对损害公共利益的行政执法违法情况发出检察建议10份,采纳8份。

全省各地政府都能坚持依法行政,自觉接受人大及其常委会的法律监督、工作监督，认真执行人大决议、决定，支持人民政协履职；也能自觉接受政协的民主监督和认真对待政协提案。并每年积极配合由人大、政协组织的各类专项检查，例如近年来的“三改一拆”等，对人大、政协专项检查中发现的问题及时改正。

（四）法治队伍和法治文化建设取得较好效果

从2006年起，浙江省政府在实施依法行政情况报告制度的基础上，开始施行对省直部门和各市依法行政工作考核，逐步建立健全依法行政导向的评价考核机制。省委还决定从2007年起开展法治市、法治县（市、区）创建活动。此外，浙江省健全了依法行政的财政保障机制，从源头上遏止了一些部门乱罚款、乱收费的倾向；推行行政执法人员资格管理制度，提高行政执法人员的素质；加强对行政执法人员的培训，提高执法人员的程序意识、证据意识和诉讼意识，规范行政执法行为。

同时，注重培养干部的法治意识，坚持各级政府常务会议学法制度，安排政府常务会议会前学法，使领导干部自觉并善于运用法治思维和法治方式解决问题，领导干部依法行政的意识和能力有了明显提高，依法行政已经逐步成为各级行政机关及其工作人员的基本共识。比如，许多领导干部对依法行政工作更加重视，在工作过程中，对于一些事情“能不能做”以及“应该怎么做”，都能从法律规范的视角加以留意。

第二节　科学确权与配权的制度创新

一、科学确权与配权的理论依据

科学确权与配权即是优化政府职能和合理配置政府间的权能职责。政府职能科学化是规范用权和监督问责的前提。优化政府职能，明确政府权力边界，依法确定用权主体和用权边界、厘清权力清单，做到用权主体明确、行权边界清晰、权力事项明了，是法治政府的核心要素。

(一)优化政府与市场、社会间的权力结构,实现政府职能的科学化

公共事务的治理是政府与市场和社会间的合作治理,政府职能科学定位的依据在于市场和社会发展的逻辑性。在政府与市场、社会之间的权力结构中,三种权力是互相协力,彼此消长的关系。应根据市场和社会的发育发展状况,调整政府、市场与社会的权力结构,优化政府权力职责,全面推进政府职能转变,充分发挥市场对资源配置的决定性作用。积极组织、引导、支持和规范市场和社会力量提供公共服务,建立政府主导、社会协同和公众参与的公共服务体制机制,推进有限政府的建立和社会治理格局的合理化。

(二)依法确认政府的权力和责任,推进政府各项事权的规范化

符合经济社会发展内在规律性的权力结构必须以法律的形式予以确认和规定。对于政府而言,“法无授权不可为”,对于市场和社会而言,“法不禁止则自由”。应全面推进机构、职能、权限、程序、责任法定化,依法界定用权主体的权限和划定各项权力的使用边界,明晰政府该干什么和能干什么。

(三)合理配置政府间的权能职责,促进行政权力运行的高效化

法定的行政权力由谁实施主要是政府内部的事情。行政权力应按照“权责明确、运转协调、权威高效”的原则,在上、下级政府间、政府各职能部门间通过转移(授权或委托),分解和整合等途径进行合理配置。应继续推进政府权力下放、深化审批体制改革和进一步推进综合执法体制改革,深入推进政府权能的合理化,努力解决管事与用权不一致、权力与责任相脱节的难题。

二、行政审批制度改革:宁海样本①

(一)宁海县行政审批制度改革历程

宁海县行政审批制度改革从2000年正式启动,历经如下四个阶段:

第一阶段,从2000年起延续至2002年。2000年4月至12月,宁海县启动了第一轮行政审批制度改革,县政府各部门和直属单位把原来1004项行政审批事项减少到445项,削减率55.67%。为切实转变政府职能,减少审批事项,提高工作效率,改进工作作风,创造一流的经济发展软环境,促进宁海县经济和社会事业的全面发展,2001年8月,宁海县成立了宁海县人民政府办证中心领导小组,决定将工商注册、财税登记、户籍办理等几个部门集中便民服务大厅进行合并,2001年10月,正式挂牌成立宁海县人民政府办证中心,共有29个部门和单位进驻集中办公。

第二阶段,从2003年起延续至2007年。2003年6月至8月,宁海县在第一轮行政审批制度改革的基础上,继续取消、剥离审批特征不明显的事项,将之转为政府日常工作,降格行政审批事项为备案项目,总计达240项,保留205项行政审批、核准事项,减幅率达53.9%。

第三阶段,从2008年延续至2012年。2008年1月至6月,为进一步转变政府职能,加快服务型政府建设,发挥宁海县行政服务中心的平台作用,宁海县委、县政府在全县各行政审批职能部门实行行政审批职能归并改革工作。参加本次改革工作的共有40个职能部门,经法制办核实,确定有33个职能部门符合行政许可及非行政许可实施主体性质。5月底,法制办根据省全面推进依法行

① 参见张坚敏:《深化宁海县行政审批制度改革的对策研究》,宁波大学公共管理专业硕士学位论文,2014年,第15—19页;《关于行政审批制度改革工作情况的汇报》,2015年宁海县行政审批管理办公室向县人大汇报材料。

政工作领导小组会议审定的，由省政府各系统所公告，负责实施的行政许可项目的各县级部门，全部完成对全县 40 个职能部门的项目清理工作。确定全县共行政许可事项 385 项，非行政许可事项 64 项。6 月底，全县 40 个职能部门，除 9 个部门由于各种原因，同意其暂缓或不参加实施行政审批职能归并工作以外，其余 31 个职能部门采用“撤一建一”“并一设一”“挂牌”等形式，成立行政审批科，并进驻县行政服务中心，按期完成行政审批职能归并工作。

第四阶段，从 2013 年延续至今。按照省政府统一部署，2014 年 3 月，宁海县全面启动“四张清单一张网”建设（政府权力清单、企业投资负面清单、财政专项资金管理清单、政府责任清单，浙江政务服务网宁海平台），县审管办具体负责牵头浙江政务服务网宁海平台建设。一是梳理行政审批事项。截至 2015 年 6 月底，共梳理完成全县 31 个部门行政许可事项 534 项（其中主项 289 项，子项 349 项，有子项的不统计主项），统一纳入浙江政务服务网宁海平台权力事项库，并顺利通过省政府今年 2 月份组织的“政务服务网统一行政权力运行系统”建设验收工作，并于今年 6 月 1 日起正式对外运作。二是取消非行政许可事项。按照《国务院关于清理国务院部门非行政许可审批事项的通知》（国发〔2014〕16 号）和《浙江省人民政府关于清理非行政许可审批事项的通知》（浙政发〔2014〕29 号）精神，对 2014 年 10 月 30 日公布暂予以保留的 114 项非行政许可事项进行清理，取消 75 项非行政许可审批事项，转移 39 项非行政许可审批事项（其中转移到行政许可 2 项、行政征收 6 项、行政确认 4 项、其他行政权力 27 项），不再保留“非行政许可审批”这一审批类别。三是梳理便民服务事项。顺利组织各部门完成全县 2523 项便民服务事项录入浙江政务服务网宁海平台，供企业群众在线查询；并将其中 136 项便民服务事项接入浙江政务服务网统一行政权力运行系统，实现网上办理。

这一阶段继续承接、下放和取消了一批行政审批事项。按照省市有关文件规定，2013 年以来，共承接省、市下放行政审批权限 244 项；取消县级审批权限 70 项。采用延伸下放和委托下放的方式，于2014年8月18日将53项审批事项下放至宁海经济开发区。同时，积极推行工商登记制度改革。积极落实将公司注册资本由"实缴制"改为"认缴制"，将工商登记前置审批改为后置登记。2014年，全县新登记公司制企业1434户，同比增长22.4%；根据省、市统一部署，于今年启动"五证合一"（营业执照、组织机构代码证、税务登记证、社会保险登记证和统计登记证）"一照一码"工作，目前，前期准备工作已经完成。

（二）宁海县行政审批制度改革的成效

持续10多年的行政审批制度改革，使宁海县政府行政效能大为增强，经济社会发展软环境明显优化，企业群众办事更为方便。

首先，行政审批行为得到规范，服务型政府职能进一步加强。40个职能部门共有449项审批事项，通过实施行政审批职能归并改革工作，压缩了788个审批环节，比法定时限缩短了580个工作日。现在常驻县行政服务中心窗口的职能部门达35个，设立分中心3个，在县行政服务中心综合窗口代为受理的9个，集中面达100%。县行政服务中心、分中心集中办事率由原来的42.9%提高到93.99%，其中受理行政许可事项372项，集中度达到96.6%，有23个职能部门进县行政服务中心、分中心集中办理的事项达到100%。通过此工作，审批职能相对集中到县行政服务中心窗口，简化了办事程序，进一步加强了服务型政府职能的转变。

其次，实现了批管职能分离，从根本上克服了以批代管的弊端。通过实施行政审批职能归并改革工作，将原来分散在全县40个职能部门内部93个科室的审批职能集中到各职能部门的一个科室，将多个领导管审批改为一个领导管审批。通过实施"三集中、两到位"措施，即实现职能部门审批职能向一个科室集中、行政审批科向县行政服务中心集中，将职能部门的审批项目集中到县行政服务中心窗口的工作落实到位，职能部门对窗口负责人的审批授权落实到位，使得原来分散在各科室的监管职能相对集中，实现了项目审批的流程再造，从根本上克服了审批与监管一体从而造成的批管不分、以批代管等现象，实现了审批与监管职能的分离。

再次，规范了审批权限，增强了审批透明度。通过行政审批职能整合，对行政审批流程的再造，减少了内部一些不必要的环节，增加了审批透明度，同时通过审批与监管的相互配合、相互监督，形成了部门内部相互制约机制，极大地方便了企业和群众办事。实施行政审批职能归并改革，将服务事项、办事程序、申报材料、承诺时限、收费依据和收费标准全面公开。行政审批集中在窗口办理，审批过程实行程序化管理，办件信息即时公布。使审批行为进一步透明，审批时限进一步压缩，审批效率进一步提高，经济软环境进一步改善。

最后，优化了审批服务，加快了审批速度。实施行政审批职能归并改革工作，破解了长期以来困扰行政服务中心的“项目不到位、人员不到位、授权不到位”三大难题，窗口工作人员从原来的 88 名增加到 103 名。行政审批科成建制进驻县行政服务中心后，窗口现场办理能力由原来的 42.9%提高到 93.99%，特别是行政审批科科长进驻中心窗口办公，“一审一核”的比例由原来的 39%提高到 65%。承诺件的平均承诺时限，由原来的 11 个工作日压缩到 7 个工作日，其中有 6 个部门的承诺时限全部控制到 5 个工作日以内。

（三）宁海县行政审批制度改革的经验

第一，“减政”为先，强力清理。按照全面清理、上下联动、不留死角的要求，将上一轮改革后因法律法规变化调整新增、上级下放和部门漏报的审批事项，以及具有审批性质的管理事项，一并纳入清理范围。对无法律法规依据或者不按法定程序设立的，不适应经济社会发展、不利于改善民生的审批事项，一律取消。在对行政审批事项和每一保留事项的实施机关和收费进行全面清理的基础上，依据行政许可程序的基本原则和制度，再对保留的每条审批事项的实施程序进行全面清理，保证审批事项依据法定程序实施，同时对每一保留事项的条件、数量以及需要提交的全部材料进行清理。

第二,"放权"为要,妥善承接。在"减政"的同时,扎实做好行政审批事项的下放和承接工作,有计划重点培养、发展一批符合市场经济要求的行业组织或中介机构,合理界定中介、自治组织的职能范围,并对其地位、作用、内部工作制度及运作方式加以规范,逐步把"资格资质""年检年审""培训考核"等方面的行政审批逐步移交给行业组织和中介机构自律管理,进而实现政府职能从相关领域逐步退出。同时,通过委托、交办、延伸等方式,配套地向乡镇(街道)下放审批权限近百项。

第三,"改革"为本,提质增效。深入改革行政审批运作制度,健全行政审批机制,先后制定出台了《宁海县重点项目审批服务联系人制度》《宁海县重点项目并联审批绿色通道操作规程》《宁海经济开发区投资项目区域联合审批办法》等文件,修改完善《宁海县优化投资项目审批流程实施办法》。这些文件规定了详细的行政审批服务规范、标准和流程,建立了行政审批长效管理机制,推动了行政审批制度改革向纵深发展,提高了行政审批服务质量。

第四,"管理"为重,加强监管。全面深化政务公开,建立健全听证、政情通报、信息公开、新闻发布、政务公示、意见征集等项制度,拓宽公开形式和渠道,提高政务公开效果。同时,健全行政审批责任及其追究制度,通过纪检监察机构以及邀请社会监督员、服务回访对象不定期对部门履行职能情况进行监督,重点监督行政审批工作中不按收费标准收费以及"吃、拿、卡、要"等行为。

三、综合执法行政体制改革:北仑样本①

(一)北仑区综合执法改革的实践

深化行政执法体制机制改革,是实行行政管理体制改革,转变政府职能,推进国家治理体系和治理能力现代化的重要举措。从2002年起,北仑区就在城市管理领域开始试行相对集中行政处罚权工作,建立了北仑区城市管理局,并集中履行市容和环境卫生管理、城市绿化管理、城乡规划管理、市政公用管理、工商行政管理、环境保护管理、公安交通管理等七个方面全部或部分的行政处罚权工作。随着北仑区城市化进程,北仑面临深刻的变革,新的问题层出不穷,如社会需求的增长、公共资源的紧张、执法成本的提高,传统的管理和执法体制已经不能适应现代化管理的需要,在新形势下,社会呼吁政府在群众反响激烈、涉及面广的领域推行新的社会管理体制改革,从而从源头上减少社会矛盾。党的十六届四中全会对社会管理体制改革的总体布局做出了决定,提出"要建立健全党委领导、政府负责、社会协同、公众参与的社会管理格局";十七大正式将社会管理建设纳入了中国特色社会主义建设"四位一体"的总体布局,明确指出"要健全基层社会管理体制"的要求;十八大要求坚持走中国特色社会主义政治发展道路和推进政治体制改革,十八届三中全会对深化行政执法体制改革有了更进一步的表述,要求"整合执法主体,相对集中执法权,推进综合执法,着力解决权责交叉、多头执法问题,建立权责统一、权威高效的行政执法体制。理顺城管执法体制,提高执法和服务水平"。这对推动北仑行政执法改革具有积极的指导意义。2010年,以创新社会管理,建设法治政府,提高行政执法效能为契机,北仑区开始了新一轮的

---

① 本部分内容由本人指导的2013级公共管理专业硕士研究生卢洁撰写初稿,本人略做修改。参见卢洁:《城市管理综合执法体制改革研究——以宁波市北仑区为例》,宁波大学公共管理专业硕士2015年学位论文。

城市管理综合执法改革。

作为宁波市社会管理创新综合试点的重点推进项目，新一轮北仑区城市管理综合执法改革从2010年9月筹备至2013年1月启动，历时2年4个月，改革工作历经三个阶段。第一阶段，调研阶段，时间跨度为从2010年9月至2011年10月。主要工作为设立党委领导小组，并由北仑区法制办、政策研究室和城市管理局组成课题调研组，到上海、深圳、绵阳等综合执法改革成效经验丰富的地区学习调研。第二阶段，方案报批阶段，时间跨度为2011年10月至2012年9月。主要工作为经与人大、政协、社会组织多方协商，撰写了《北仑区深化相对集中行政处罚权工作方案》，并于2011年10月中旬向宁波市人民政府提交，同年11月9日，宁波市政府向省政府提交该《关于要求在北仑区深化相对集中行政处罚权工作的请示》(甬政〔2011〕119号)，浙江省人民政府在广泛征求了职能部门意见后，于2012年2月21日正式做出批复(浙政函〔2012〕32号)，同意在北仑区开展深化相对集中行政处罚权工作；同年8月，北仑区政府向浙江省政府法制办提交《关于宁波市北仑区深化相对集中行政处罚权工作实施方案的请示》(仑政〔2012〕84号)，同年9月，省政府法制办正式做出批复(浙府法发〔2012〕50号)，原则上同意按照该方案开展北仑区深化相对集中行政处罚权工作。第三阶段是筹备实施阶段。主要工作为，建立北仑区城市管理行政执法局，完成执法人员选调选派、协管员公开招聘、岗前培训、中队重组、中层干部竞聘，以及和其他职能部门、乡镇街道的衔接等基础性准备工作，并于2012年12月27日举行启动仪式，宣告新体制将于2013年1月1日起正式运行。改革后的北仑区行政执法局集中行使全区11个部门共892项行政执法事项。其中新划转的事项为531项，涉及殡葬管理、环境保护管理、住房和城乡建设管理、农业管理、林业管理、食品安全管理、土地管理管理、海洋与渔业管理、水行政管理、工商行政管理、矿产资源监督管理等8个区级部门29个行政管理领域。

为进一步理顺行政执法体制，提高执法效率和水平，巩固和深入推进综合行政执法改革，2015 年 2 月起，北仑区根据《中华人民共和国行政处罚法》的相关规定、《国务院关于加强法治政府建设的意见》(国发〔2010〕33 号)和《浙江省人民政府关于深化行政执法体制改革全面推进综合行政执法的意见》(浙政发〔2015〕4 号)的文件精神，向各区级部门和街道乡镇征求意见，拟进一步将综合执法改革扩大至建筑业管理、房地产业管理、人民防空管理、安全生产监督管理、石油天然气管道保护管理、教育管理、粮食管理、旅游质量监督管理、价格监督管理、体育管理等领域。拟调整后的综合执法改革将进一步扩大综合执法领域，提升改革的深度和广度，巩固城市管理综合执法改革的成果。

自综合执法改革后，部门推诿现象有所改善，如无证餐饮、环保等与群众密切相关的领域，群众投诉得到了积极有效的处理。2014 年，区城管局共受理投诉 7352 起、网上投诉 938 起、信访件 91 件，及时回复率 100%，群众满意度明显提升。在行政执法效能上，2014 年，区城管执法局相继开展涉及民政殡葬、森林消防、无证餐饮、房屋使用安全、河道安全、食品药品等各类综合行政执法整治 48 次，处理各类违规事件 2000 多起，全局共办理各类案件 13074 起，比 2013 年案件数量有所增长。执法数据统计显示，经过初期的磨合，综合行政执法效能大幅提升。

(二)北仑区综合执法改革的经验

北仑区经过 2 年多的探索和实践，初步建立了具有北仑特色的城乡管理综合执法体系，一定程度上解决了重复执法、多头执法的问题，使部门职能有效整合，实现了部分领域审批管理权与行政处罚权的分离，并加强了这些领域部门权力间的制约和监督。改革理顺了北仑区组织管理体制，形成了城乡一体化格局，初步实现了管理重心向基层下移的目标。在改革过程中培育了一支执法维稳队伍，有效承担起综合执法任务，推进改革的进程。北仑区在推进城市管理综合行政执法改革领域，走在了全省前列，被评为浙江省改革样本，其创新举措和经验对省内外县市区开展综合执法改革起到一定的借鉴作用。

1. 加强领导，统筹推进

北仑区综合执法改革的成功实践与区主要领导的支持分不开。为推进综合执法改革，区委、区政府高层推动，统一全区思想，召开了高规格的启动仪式。区人大、区政协高度关注，列入主要议事日程。区政府主要领导、分管领导密集调研，细致部署，广泛协调，强力推进。区纪委在权力运行，区委组织部在干部选调、培训，区委宣传部在舆情监控等领域制定专项工作内容。区法制办、区编办、区财政、区人事等部门，建立了综合行政执法多重保障机制。各划转部门紧密配合，积极协同。各街道乡镇大力支持，为综合执法改革提供了良好的软、硬件环境。

2. 建立城乡一体组织体系

在组织体系上，设立北仑区城市管理综合行政执法局，强化领导班子，完善科室设置，整合执法力量，重组 10 个基层中队（9 个街道乡镇中队和 1 个直属机动中队）。街道乡镇中队设中队长 1 名，由分管政法的领导兼任，设常务副中队长 1 名，由正科级干部任职，设专职副中队长 2 至 3 名。各街道乡镇指派 1 名副科级干部兼任副中队长，便于基层工作联系。

在职能分工上，北仑区城市管理综合行政执法局主要侧重政策研究与衔接，监督指导和重大活动的指挥调度，各基层中队承担各自管理区域内具体执法任务，从而在确保执法重心下移和区域全覆盖的同时，推动管罚相对分离，促进专业执法和集中执法相结合的行政执法体系初步构成。综合执法理顺了条与块的关系，基本实现了“体制以条为主，管理以块为主”的管理模式，构建了权责统一的层级管理框架，破解了区级部门“管得了、看不见”，街道乡镇“看得见，管不了”的窘境，符合“二级政府、三级管理、四级网络”的城市管理体制要求。

在管理体制上，划转相关部门的部分管理执法人员和街道乡镇的社会管理资源，整合村、社的人力资源，进一步强化了基层社会管理力量。合理界定人权、事权，一线执法队员的组织关系、工资奖金等均由街道乡镇负责(直属中队除外),仅保留队员的人事关系由区行政执法局管理。双重管理、属地为主的管理体制,充分地发挥了街道乡镇在社会管理中的基层优势,激发基层改革的动力,实现了城乡一体化和管理重心的下移。

3.建立和健全配套保障制度

北仑区政府将综合行政执法工作列入街道乡镇重点工作进行单独考核,同时出台了《北仑区深化相对集中行政处罚权工作配合协作机制实施暂行办法》《北仑区行政执法争议协调暂行办法》等规定。在社会管理创新的大框架下,摸索出联席会议制度、执法配合协助机制、案件分级案审机制、举报投诉协作配合机制、执法过错责任追究机制、信息共享机制、联合执法等制度,先试先行,逐项逐步解决运行中出现的有关问题,并以制度形式予以固定执行。以联席会议为例,北仑区在区级层面设立了综合执法领导小组和联席会议,并分别由区长和常务副区长兼任组长和主任,确保会议决议能更好地执行。

北仑区建立综合执法经费保障机制,将执法部门所需经费列入财政预算,予以保障,街道乡镇中队的办公场地、执法设备、财政经费列入街道乡镇年度预算,并将协管员工资待遇列入区级财政统筹。完善公安保障机制,公安分局分管副局长兼任行政执法局副局长,各公安派出所指派1名副职干部兼任副中队长,以加强执法保障工作,破解执法遭遇的困境。

四、"三局合一"的市场监管体制改革:舟山样本

(一)舟山大市场监管体制改革:背景与实践

为加快转变政府职能,党的十八届三中全会明确提出要深化机构改革,国务院批复的《舟山群岛新区发展规划》也明确要求创新行政管理体制。2014年下半年开始,舟山在全省率先启动行政体制改革步伐。按照中央"改革市场监管体系,统一市场监管;建立权责统一、权威高效的行政执法体制;完善统一权威的食品药品

安全监管机构”等要求，舟山市政府将工商、质监、食药监“三局合一”，组建市市场监督管理局。

相比舟山，浙江境内其余10个地市均采用了“两局合一”的模式，即工商局和食药监管局合一，并承接质量技术监督局的食品监管相关职能。舟山之所以选择三局合一，是出于如下考虑：一方面，这是改革的大势所趋。大市场监管是国家层面一直倡导的改革方向，而另一个大的方向是，食药监管力量在不断加强。实行“三局合一”，能够体现这两个大的改革方向。同时，在舟山改革之前，广东深圳已有过类似试验，受此启发，舟山结合自身实际采用了三局合一的模式。另一方面，这是舟山本地实际情况的要求。根据舟山实际，其原工商局内部具有完整的基层组织网络体系；质监局具有较强的检验、检测技术支撑能力；而食药监管局这一块则以综合协调的职能见长，但人员较少、专业性强、工作压力大，经常需要牵头协调其他部门的力量和技术。

截至2014年年底，舟山市、县（区、功能区）二级均已建立市场监督管理局（分局）并全面运行，乡一级设置了22个市场监督管理所，正在加快整合；另外，还将在社区聘请建立一支市场监管信息员协助收集相关信息，从而构建起从市—县（区）—乡—社区严密的网格管理体系。半年多来，市、县（区、功能区）各局都围绕优化服务、强化监管、整合资源、提高效率四个目标，积极主动、探索实践，着力建立完善新的市场监管体制。

（二）舟山“三局合一”改革的成效

1.精简了机构和整合了职能

改革后，舟山市原工商、质监、食药监管三局的内设机构减少了21.4%，总行政编制也相应缩减了17.2%。查看新市场监管局的领导班子构成可以发现，陈麟任市场监管党委书记、局长，并兼任舟山市工商局、质监局、食药监局局长。按市场监督管理局局长陈麟的说法，舟山“三局合一”的改革“不但要将几个鸡蛋放在一个碗里，还要将鸡蛋打碎再搅一搅”，舟山并不是在原有的食药监管局的基础上将工商、质监等部门的食品监管职能简单叠加，而是将工商、质监、食药监局“三局合一”的职能整合。在大市场监管模式下的执法过程中，工作人员统一以市场监督管理局的名义进行执法。例如，原食药监局工作人员发现违法医药广告后须首先提交给市工商局，由工商局进行处理，再将处理结果反馈给食药监局。三局合一后，违法广告统一由市场监管局商广处负责。

2.简化了审批程序和监管流程

“三局合一”为深化舟山行政审批制度改革创造了有利条件。过去，要申办一家食品加工企业，首先须到工商部门进行名称预登记，然后到质监部门取得生产许可证，再去工商部门领取营业执照，接着再到质监部门领取代码证并确定项目，需要分别跑到多个部门的窗口，提交多份材料，来来回回很不方便。而现今，市场监管局成立后，将办证中心的工商、质监、食品药品监管窗口进行合并，统一为市场监督管理窗口，实现审批服务的一个窗口对外、一次性提交材料、一次性领证，提高审批效率。

市场监管局成立后，整合生产领域和流通领域的产商品监管流程，建立了从生产到消费的产商品质量监管统一链条；整合食品生产、流通和餐饮服务环节的监管流程，建立了食品安全监管的统一链条，例如，过去对一家食品生产企业内的经销店、餐厅、食品生产行为的监管分别由工商、卫生、质监三个部门负责，对宾馆行业内的餐饮、食品吧台及一次性用品监管分别由卫生和工商部门负责，现在均可实现一次性执法、全面监管，既减少对企业的检查次数，又提高了效率；整合 12315（工商）、12365（质监）、96311（食药监）等申诉举报处理机构，统一为“12315”平台（其他号码暂实行转接），建立了举报申诉及处理的统一链条。市场监管各环节的投诉举报，过去涉及“边界地带”的偶有推诿，现在可以一揽子受理，而且消费者只需记住一个特服号码，既方便广大群众，又有利于政府部门良好形象的树立。

3.改变了互相扯皮的市场监管模式

过去分散在工商、质监、卫生等部门的管理职能被整合后，一个局就可以把一个产品的生产、流通、消费全管起来，以食品安全链为例，以前食品在生产加工车间时，由质监局负责；到了超市后，由工商局负责；进入百姓餐桌后，又由卫生监督部门负责。现在三段并一段，没有了监管空隙，出了问题都是市场监管局的责任。

尤其是这次将相关市场监管部门整合，将分段实施的食品监管职能整合到一个部门监管，切实改变了以往食用农(水)产品、无证小作坊等交叉领域“你推我不管”的局面。合并后，食品生产流通、餐饮服务，包括流通领域的食用农(水)产品、食品摊贩、前店后场等，都统一归新的市场监管局管理，并承担了政府食安办综合协调等工作职责。从实际运作情况来看，市场监管局已然成为辖区食品监管的主体和兜底部门，消灭了原来各部门间模糊的监管边界，实现全链条、无缝隙监管，进一步强化了相关部门的监管责任。此外，基层质监与工商两部门在生产流通领域的商品质量检测和查处假冒伪劣商品管辖之争也自动画上了句号。

“三局合一”将以前的外部协调变成了现在的内部协同。这样，既有利于实现对生产、流通和餐饮环节的全程统一监管，又能够解决职能交叉、管理重复、相互推诿等问题，从而有效提高市场监管效能。

(三)舟山“三局合一”改革中存在的问题

1. 执法力量配置不足，专业人员匮乏

利用工商完备的基层执法力量来强化一线食品药品监管，是本次市场监管体制改革的一大目标。舟山体制改革后，基层市场监管所除要做好工商工作外，还要逐步承接食品生产、餐饮、药品药械及特种设备监管等任务。由于新的领域均涉及专业知识和技能，而原食药监、质监部门又没有或者基本没有基层所站和执法力量，在总体编制难以增加、无法快速招录专业人才的情况下，要求平均年龄达到45岁的原基层工商所人员学习和掌握这些知识，需要一个过程。而且这次机构改革中，机关科室除综合科室外，业务科室大多予以保留，而原本就不多的质监、食药监业务骨干都留在

了科室，从而使基层所不能在短期内迅速强化综合监管执法能力。此外，中央和省市局都在大量下放事权，大多都要求由基层一线直接承接，而对于专业性要求高的事项，目前基层所是没能力承担的，只能暂时由分局科室承担，这样势必达不到改革预期的监管效果。

2. 机构职能上下不一，指挥协调不畅

原工商和质监系统为全省垂直管理，原食药监系统属地方政府管理，新的市场监管局，管理体制做了重大调整，统一调整为地方政府管理。但又改得不彻底，像定海、普陀等区分局还是属市局垂直管理，可与当地政府又有着千丝万缕的关系，要围绕区委、区政府中心工作展开工作，而省工商、质监、食药监三局依然独立运作，出于高度的工作责任心和思维惯性，依然会按照原有目标抓深化、抓细化、抓强化，整体是处在拓展、精细、提升的阶段。尤其在食品安全监管职责转移后，省工商、质检部门会更加集中精力抓好现有职能的拓展和深化。由于上级重抓深化，基层重抓整合，两种不同的工作思维和工作步调，会引发一系列复杂多变的问题和困难。

3. 人合心没合，工作没有形成合力

三局合并后，由于各局工作理念不同，工作作风不同，新的市场监管局，从局领导到中层干部，尚处于磨合期，思想行动难以统一，工作不能形成合力。领导干部和全体工作人员亟须树立强烈的危机意识和责任意识，着力在“合”字上下功夫，努力做到思想合心、监管合力、工作合拍。为此，必须通过科学的制度建设和强硬的监督考核手段，大力整顿干部队伍思想作风建设，尽快形成凝心聚力、同心同向、共担责任的工作氛围。

（四）舟山“三局合一”改革的启示

2014 年 6 月，国务院出台了《关于促进市场公平竞争维护市场正常秩序的若干意见》（国发〔2014〕20 号），从 7 个方面提出了 27 条市场监管措施和方向，要求至 2020 年建成体制比较成熟、制度更加定型的市场监管体系，这为我国的市场监管体制改革做了顶层设计。浙江省委、省政府也要求相关省级部门要坚持基层导向和问题导向，加强沟通和协作配合，尽量做到一个声音、一个步调，避免出现政出多门，并要利用市场监管工作联席会议制度，及时主动地提出和推动解决体制调整中需要研究落实的重大事项，同时要求基层改革在盘活存量、优化结构、强化一线和科学配置上着力。舟山“三局合一”改革中的问题，给市场监管体制改革提供了如下启示：

1. 力量下沉，充实基层执法力量

对机关科室进行进一步整合和精简，优化岗位设置，从而挤出更多机关人员充实到基层所工作。可以设成两个直属机构，一个机构专职从事许可登记和相关现场核查，企业信息年报公示等相关市场主体准入工作；另一个机构专职从事案件稽查和重大专项整治工作；每个乡镇街道设置市场监管所，负责食品药品、特种设备等安全监管和其他日常监管服务工作。而机关科室主要负责上级任务及专项整治工作的布置、指导、汇总及督查。

2. 人事匹配，合理下划事权

三局合并前，各局监管力量已都捉襟见肘，合并后，一线工作人员并未实际增加，但大量的事权都向基层倾斜，在这种情况下，分局必须做好事权的合理划分，要建立“人事匹配”的人员配置机制，科学合理划分科所之间的事权，确保基层所能有更多的精力开展食品、特种设备等安全监管工作，科室要按照因地制宜、因事制宜的原则逐步下放事权；对专业性强的监管事项，科室要主动承担，防止所有事权都急于向基层下放的不良倾向；对一些非法定或未列入考核内容的工作事项，相关科室要充分权衡其科学性和可持续性，主动予以整合过滤，以改变基层疲于应对的状态。

3. 促进融合，营造文化氛围

三局合并后，最难以融合的是原三个部门人员的心态，毕竟各自都形成了不同的工作风格和部门文化。因此，需要通过各种方式，尽快让大家摒弃门户之见，丢掉你我他，真正成为一家人。新的市场监管局可以多组织集体联欢活动、实施不同岗位交流、各部门类似职能合并等，营造一种融合的语境和氛围。

五、县级政府权力清单制度改革：富阳样本

实施“权力清单”是我国推动政务公开、加强依法行政、强化群众监督、从源头预防腐败的重要举措，对于政府职能转变和廉政建设具有十分重大的意义。党的十八届三中全会明确要求，推行地方各级政府及其工作部门权力清单制度、依法公开权力运行流程。2014 年的《浙江省政府工作报告》也明确提出，要把加快政府自身改革特别是全面推行政府权力清单制度作为一项重点工作。杭州富阳市早在 2008 年就开始了行政权力规范运行改革，2014 年年初又被浙江省政府确定为县级权力清单制度改革试点。富阳市创新设置了原始行政权力、常用行政权力、非常用行政权力等三个分类标准，作为权力清单基本框架体系，对各部门所有权力进行梳理，并已于 2014 年 3 月 7 日起在网上公示清单，同时向社会公众征询意见并接受公众监督。这也是迄今为止全国首份“晒出来”的县级权力清单。

登录“富阳市网上政务大厅”网站，在首页上就能看到这份共有 43 个部门的“权力清单”，在这其中，农业局（341 项）、财政局（297 项）、卫生局（264 项）、公安局（206 项）、城管执法局（191 项）、建设局（167 项）等部门的项目是最多的。点开这些项目，可以看到更详细的描述，以城管执法局的“城市建筑垃圾处置核准”项目为例，它不仅公示了办理地点、受理条件、许可依据等信息点，而且还明确了办理流程和收不收费的内容。

（一）富阳权力清单制度的主要做法[①]

近年来，富阳市依照法治、精简、效能、严控的原则，清权厘权、

---

① 参见董俊平、林宏：《富阳“权力清单”制度改革成为“全省样本”》，《政策瞭望》，2014 年第 7 期。

减权简权、确权制权环环相扣、步步到位，在全国率先制定出县域行政权力清单。其主要做法如下：

1. 初步过滤筛选，形成一张“于法有据”的原始权力清单

实行权力清单制度的首要一环是摸清家底，形成原始权力清单。富阳市这次试点根据权力事项是否“于法有据”的标准，将所有权力的问题分成五类：一是于法无据的权力事项。部分权力事项的设置没有法律依据，只是引用上级相关文件或管理办法作为权力依据。二是于法有据但不符合地方实际问题。部分权力事项虽然具有明确的法律法规依据，但是权力设置与地方实际不符，导致无法行使权力。三是法律法规相互冲突问题。地方性法规规章与上位法规定发生冲突，多年前出台的法规规章与现行法律法规相违背。四是部门权力分段实施交叉重叠问题。有些权力在不同的部门都有法律依据，有些权力实施分段管理，造成部门权责边界模糊、部分环节多头管理或无人管理。五是在权力行使中擅自增加环节问题。有些部门擅自在法律法规规定以外增加权力行使的环节，给行政相对人带来额外义务。凡是于法无据的行政权力，就必须得清理。这样，截至 2014 年 6 月 23 日，原始行政权力从 2008 年的 7800 多项削减到 4825 项，削减幅度达 38.1%，从而形成了一张于法有据的原始权力清单。

2. 原始权力再分类，实行“常用”与“非常用”权力的分类管理

富阳市将厘清的原始权力进一步细分为“常用权力”与“非常用权力”，以此作为减权简权的依据。通过细致的整理，将厘出的 4825 项原始行政权力进一步细分为 1474 项常用权力和 3351 项非常用权力。其中，常用权力主要是指政府及其组成部门经常使用、科学管理并符合改革创新精神、贴近人民群众生产生活的行政权力。非常用权力主要是指政府及其组成部门长期未使用、不符合地方科学发展实际、没有操作性、有违于改革创新精神的行政权力。对两类权力实行分类管理的办法，常用权力按照“清单之外无权力”原则，做到“应管善管”，非常用权力则予以闲置“挂起”，以免这些权力干扰和影响经济社会发展。

3. 确定"常用权力"边界,同步厘清政府部门的职责

实行权力清单制度的最终目的是为了有效规范权力运行。确权制权是实行权力清单制度的核心。在确权方面,富阳市于 2014 年 3 月 7 日率先在"中国富阳"政府网站上"晒"出了全国首份县域行政权力清单,广泛征求社会意见,将 1474 项常用权力以规范性文件形式确定下来,每一项权力都有具体的事项编码、实施主体和运行流程。同步开展政府部门职责梳理,共编制 38 个部门 790 条主要职责、30 项部门职责边界、70 项部门重大公共服务活动。并确定行政权力边界,明确政府部门职责范围、权力种类与数量、权力使用对象、条件与方式、权力使用约束与责任承担等,切实解决权责交叉、多头管理问题。

(二)富阳权力清单制度改革的效果

1. 精减了权力

权力清单制度改革带来的不单单是"透明",还有"减权"。到目前为止,富阳政府部门原始行政权力从 2008 年的 7800 项削减到 4825 项. 削减幅度达 38.1%,而常用行政权力则从 4825 多项削减到 1474 项,削减幅度近 70%。行政审批权力的精减是改革的最直观体现。富阳市从原来的 150 个审批职能科室、88 个分管领导,到如今只剩下 44 个行政许可科、35 个分管领导,而且都集中在市行政服务中心内。这样一来,市民办事的效率就大大提高,办证时间从平均 1 天减少到 1.5 个小时。

2. 转变了职能

权力清单制度改革有助于让"全能政府"向"有限政府"转变,从"管制型政府"向"服务型政府"转变,从"权力政府"向"责任政府"转变,真正让市场在资源配置中发挥基础性作用。

3. 制约了权力

权力清单实际上就是为政府权力套上"缰绳",把权力关进制度的笼子,收敛政府的手,放活市场的手,补强社会的手。富阳市向全社会公示权力清单,是期待形成一个县(市)一级政府行政权

力清单,一个可检查、可追溯、可监管的权力运行体系,一个分工合理、责任清晰、运转高效的政府治理结构。

(三)富阳权力清单制度改革的经验

1.各级领导齐心协力,共同推进

富阳市权力清单制度改革试点创造成功经验,离不开各级领导的支持和重视。省委、省政府十分重视和大力支持这项改革。省委副书记、省长李强密切关注"富阳试点",专门赴富阳调研,并多次做出重要指示。明确要求富阳作为全省权力清单制度试点单位,要从改革全局认识权力清单制度的重要性,勇于自我开刀,抓紧推进权力清单这项工作,把政府职权关进制度笼子里,进一步转变政府职能,切实打造有限、有为、有效的法治政府和服务型政府。省政府办公厅专门下发《关于在富阳市推行权力清单制度试点的通知》,省编委办、省法制办、省监察厅等省级部门对富阳市权力清单制度试点工作全程给予认真督促和悉心指导,推动富阳市试点工作顺利开展。

富阳市委、市政府高度重视和精心组织这场改革。2014 年 1 月 8 日,在省政府正式确定试点之后,富阳市立即召开大会进行动员部署。要求市级各部门和试点责任单位进一步提高认识,把"清权试点"当作贯彻党的十八届三中全会精神、全面深化改革的"重要大事"来抓。提出"四个更加"的试点目标,即权力边界更加清晰、审批服务更加效能、群众监督更加便捷、市场监管更加有力。富阳市还制定了《推行权力清单制度试点方案》,成立了富阳市推行权力清单制度试点工作领导小组,市委主要领导担任组长,市政府主要领导担任常务副组长,市委、市人大、市政府分管领导担任副组长,党委政府相关部门一把手担任成员。领导小组下设办公室,负责日常工作。办公室下设综合协调组、清理部门职责组、规范权力运行组、审改工作组和权力监督组五个工作小组,抽调专门人员力量具体落实改革试点各项工作任务。富阳市各级各部门. 特别是一些重要的权力部门,也都认真梳理工作职能,确定权力职责，按照市委、市政府的统一部署，以积极的姿态投身改革。这些都为试点工作顺利展开创造了良好的条件，提供了组织保证。

2. 坚持清权与改革相结合，敢于“自我革命”

十八届三中全会指出：经济体制改革是全面深化改革的重点，核心问题是处理好政府和市场的关系，使市场在资源配置中起决定性作用和更好发挥政府作用。“富阳试点”既上接天线，积极遵循这一重大的改革理论创新，进一步明确行政权力边界，把错装在政府身上的手换成市场的手，还权给社会、给市场；又下接地气，前瞻性地将推行权力清单制度确定为全面改革的重点和突破口，牵引和带动其他改革。特别是在接受全省权力清单制度试点重任之后，富阳市不是简单地为试点而试点，为清权而清权，而是坚持以改革的思路抓试点。坚持清权与改革相结合，发扬“自我革命”的精神，朝自己动刀子，削自己的权，割自己的肉，言出必行，说到做到，决不明放暗不放，避重就轻。

3. 依法依规与改革创新并重，原则性与灵活性相统一

富阳市权力清单制度改革严格依法依规，按照我国的《地方组织法》和2010年《国务院关于加强法治政府建设的意见》的要求，确保各级行政机关严格依照法定权限和程序行使权力、履行职责。从“富阳试点”的情况看，梳理政府行政权力，形成原始权力清单、制定常用权力清单，充分体现了全面推进依法行政、建设法治政府的基本要求。在清权厘权减权简权过程中，富阳市各职能部门提供行政权力存废变化的法定依据，层级依次为法律、法规、规章，具体到条款项，相关部门按照“权力法定、权责一致”的精神，书面确认相关行政权力的“减、留、提、转”；详细列出常用行政权力清单形成的理由——是因法律、法规、规章的废止修改，还是因机构改革职能划转，还是无实际需求（一年内未使用过），等等。

在依法依规的基础上，也灵活创新。比如，富阳市将内容相近的污水排污费征收、废气排污费征收、固体废物及危险废物排污费征收、噪声超标排污费征收四项行政权力，合并为“排污费征收”。再比如，对于多部门共同行使的同一行政权力，则明确一个行使主

体,落实责任。过去,富阳市环保局和卫生局对医疗废物都有行政管理权,出现过"踢责任皮球""抢利益蛋糕"的情况;现在,则明确卫生局作为单一行使主体,扫除了监管盲点。

第三节 行政权力监督体系的健全

一、政府实事工程的人大代表票决制:宁波江东区样本

(一)人大票决"实事工程"制产生的背景

票决制最早实践于130多年前的巴黎公社,其作为无产阶级首次执掌政权的民主尝试,得到了马克思的充分肯定。由于票决制具有意愿表达的隐蔽性和独立性,具有克服举手、鼓掌等直观显露的传统表决方式的弊端之优点,我国法律明确规定票决制作为人大表决的主要形式和手段。根据《全国人民代表大会组织法》第十八条的规定:"全国人大进行选举和通过议案,由主席团决定采用无记名投票方式或者举手表决方式或者其他方式。"《全国人民代表大会议事规则》第五十三条规定:"会议表决议案采用投票方式、举手方式或者其他方式会,由主席团决定。宪法的修改,采用投票方式表决。"《全国人民代表大会议事规则》第三十六条也规定:"全国人民代表大会会议选举或者决定任命,采用无记名投票方式。得票数超过全体代表半数的,始得当选或者通过。"可见,我国法律明确了全国人大及常委会在立法、决定重大事项、监督和人事任免时,在充分表达各自意见的基础上,以无记名形式行使投票、实行一人一票的票决制的法定程序。鉴于票决制的优点,地方各级人大,尤其是县(区)、乡(镇)人大,开始大胆尝试把无记名投票对象拓展到议案、决定重大事项、工作报告的表决和测评领导干部,甚至以此表达对质询结果是否满意。

从规范意义上来说,地方人大是本区域内国家和社会公共生活中的重大事项决定权的行使主体。这既为我国宪法"中华人民

共和国的一切权力属于人民。人民行使国家权力的机关是全国人民代表大会和地方各级人民代表大会"之宣示性条款所确认,更有宪法第一百零四条与地方组织法第四十四条"县级以上的地方各级人民代表大会常务委员会讨论、决定本行政区域内的政经、科教、文卫、环保、民政、民族等工作的重大事项"之规定提供具体依据。

人民主权的民主原理要求一切涉及公民切身利益的重大决策都要有公民实质性地参与的程序保障。特别是在当今社会经济结构巨变所带来的社会利益矛盾冲突加剧的时代,建立公民参与重大决策的民主机制更是社会经济持续发展和建立和谐稳定社会的迫切需要。如何使宪法和法律规定的人大重大事项决定权实效化,发挥人大在国家治理体系中的应有功能,既是全面深化改革、实现国家治理体系现代化的重要内容,也是政府重大行政决策依法、科学和民主进行的制度依托。

利益分化和社会冲突的现实要求创新社会治理模式,解决传统上政府主导的治理模式下公共物品提供缺乏透明度、基层民主发展缓慢、公民参与渠道不畅,围堵政府、群体上访、自焚抗击拆迁等现象频发的问题。随着社会的不断进步,人民要求参政的权利意识也越来越强烈,如果没有人民的积极参与,政府行为很难合法化。在民主法治的不断发展进程中,听证会、恳谈会、公开评议等公民参与立法、决策、管理、监督的形式已成为我们制度的亮点,参与式治理模式正在形成。但是,长期以来,地方上事关人民群众最直接、最现实、最迫切的利益问题,尤其是公共财政投入民生项目等"实事工程"大多采取由政府(或党委)领导直接决定的方式,由此带来了"实事工程"决策中的主观随意性和公平性缺失等问题,群众对"实事工程"的关注度、支持力不足,认同度不高。如何使"实事工程"成为能够有效平衡各方利益诉求的和谐工程,一直以来都是地方治理中的一个难题。宁波市江东区人大为有效破解这一难题,积极探索了"实事工程"人大代表票决制,旨在通过创新工作机制,落实宪法和法律规定的人大重大事项决定权,从而充分发挥人大权威作用，形成党委、政府和人大在重大决策中“三驾马车”各司其职而又互相支撑的格局，以防止“实事工程”沦为部分官员的“政绩工程”和“形象工程”。

江东区“实事工程”人大代表票决制实践的动因在于：第一，改变长期以来人大的“重大事项决定权”被虚化的状况，探求一种让人大代表依法行使职权、落实区人大代表参与和决定重大事项的权力，更好发挥人大代表在县域治理中的作用的工作机制；第二，破解党委、政府有心办好事却总是难如群众所愿的难题，寻找一个将党委、政府的决策由“一厢情愿”变“多厢情愿”，使党委、政府意图与人民群众意愿顺畅沟通的制度结合点；第三，克服地方治理中权力结构失衡的缺陷，建立人大作为享有实体性权力的机构与党委、政府既各司其职而又相互支撑、形成合力的现代化地方治理体系。

（二）江东区人大代表票决“实事工程”的基本做法

“实事工程”是政府决策和实施的地方重大民生工程。2009年下半年开始，宁波市江东区人大常委会率先建立了区县人大代表票决和监督政府实事工程的制度，并在大量调研和广泛征求意见的基础上，做出了《关于对政府实事工程实施票决的决定》；随后又与区政府，分别对应出台了《关于政府实事工程项目征集暂行办法》《关于政府实事工程项目检查暂行办法》《政府实事工程项目实施情况评价暂行办法》《政府实事工程项目成效检验暂行办法》《政府实事工程项目提请动议暂行办法》等5项制度，最终形成了政府实事工程票决1个决定、6个暂行办法组成的“1＋6”制度运行体系，成为推进政府“实事工程”票决制的规范和依据。

实事工程人大代表票决制的工作方案，坚持了党的领导、依法办事和充分发扬民主的根本原则，旨在现有制度框架内，努力构建起地方治理中党委领导、人大决定和政府执行三种权力有序、协调运行的工作机制，充分发挥多元主体在治理中的协商、民主、法治和合作的制度功能。

该制度在程序设计上，实行项目建议向代表广泛征集，正式立项由代表票决确定，实施过程由代表监督助推，建设结果向代表报告，即以人大代表票决确定实事工程正式项目为中心，向前延伸至广泛征求民意，向后扩展到代表监督、助推和满意度测评，形成一个操作程序规范完整，各个环节紧密衔接，力求效益最大化的实践操作流程。票决制实践的具体内容包括项目征集遴选、人大代表票决、进展情况检查、完成质量评价以及项目成效检验等几个环节。

1. 先广泛征集遴选，再由党、政会议确定备选项目

项目征集由区实事工程领导小组于每年 9—10 月份进行，按照公开透明、广泛参与、凸显民意的原则，通过网络、书面、座谈、调研等方式，广泛征求辖区机关企事业单位、社会团体、各级党代表、人大代表、政协委员及居民群众等社会各界的意见和建议等。

领导小组对征集项目根据候选项目应当具有可操作性、可行性、广泛性的要求，依据先急后缓、服务民生、普惠共享、量力而行、注重实绩为原则，对征集到的建议项目进行整理汇总，对所征集的项目通过初选后，再提交政府常务会议、区委常委会分析遴选，形成政府实事工程备选项目。

2. 人大代表公开票决，确定实事工程项目

政府实事工程备选项目经区人大常委会审议通过后，作为提交人代会表决的正式候选项目。人代会票决按照规范有序原则来组织实施。在区人代会上，先由主席团会议提出《政府实事工程项目(草案)》，再交付代表审议后提请大会表决。代表在全体会议上以无记名投票方式进行表决，从得票过半数的项目中按照得票由多到少依次确定当选项目。若最后几个项目票数相同时，则由大会主席团讨论取舍。人大代表票决确定实事项目，是政府实事工程人大代表票决制的重要程序。

3. 人大代表全程参与，跟踪监督实事工程的进展

人大代表还要在项目实施过程中参与对进展情况的检查和监督，并在项目完成后参与项目成效的检验。项目进展情况检查内

外并重，一方面，由区人大常委会组织驻会委员和人大代表深入项目现场督察，通过召开座谈会、听取汇报、实地查看、问卷调查以及约见和问询地方国家机关负责人等形式，对工程项目的施工进度、建设质量进行日常监督。另一方面，采取项目责任单位自查和区实事工程领导小组督察相结合的方式，对实事工程建设工作进行检查，督促纠正项目进度滞后、资金使用不尽合理等方面的问题，将监督工作与助推项目建设相结合。

4.先由各方评议，再由人大代表测评项目完成质量

项目完成后，由区人大常委会办事机构组织代表及其他方面人员对项目的完成质量进行综合评价。项目质量评价坚持客观公正的原则，制定具体的测评规则，通过人大代表实地视察、调查研究等方式了解和掌握项目进度、资金使用、项目效果等基本情况，同时采用网络评议、委托测评机构进行评议等，充分听取群众的意见和建议，再由人大代表进行满意度测评，并向社会公开测评结果。项目质量评价旨在促进政府在实事工程完成后强化项目质量跟踪及后续管理，并使人大代表行使重大事项的决定权与监督权有机统一起来。

5.人大代表参与项目成效检验，督促政府整改不足

“实事工程”项目成效检验同样要有人大代表参与，具体做法是：区人大常委会从上一年度及之前的实事工程项目中，选择人民群众普遍关注或资金投入较大的项目，组织人大代表及其他方面人员开展调研视察、查阅资料等，督促政府整改不足，落实相关对策，增强项目检验工作的实效性和针对性。

通过以上五个阶段的工作，人大代表实际上参与了政府“实事工程”项目从遴选、票决、监督、评估到验收的全过程，实现了政府“实事工程”项目设置可选、进展可查、结果可评、变化可动议、成效可检验的“五可一票决”。

（三）人大代表票决“实事工程”的制度价值

人大代表票决“实事工程”使地方人大重大事项决定权落地，

激活了人大决定权制度的活力，也强化了人大对政府的监督权，为民主、法治的治理机制提供了制度支撑。从根本上来说，它推进了地方人大与地方党委、政府“三驾马车”既各司其职又协同作战的地方治理体系现代化进程。

1. 找到了地方人大行使重大事项决定权的切入点

重大事项决定权是《宪法》和《地方各级人民代表大会和地方各级人民政府组织法》授予地方人大的法定权力，但由于缺乏操作性的规定，这项权力长期处于虚置状态。从我国地方治理权力运行的实际状况来看，党委、政府和人大都有对重大事项的决策权，对于哪些“重大事项”属于人大决定权范围并没有清晰的界定和一致的认识，加上党委、政府一贯地占有决策权上的强势地位，一些实实在在的重大事项，往往是党委或政府绕过人大而自行决定后，由人大行使程序性的监督权。

江东区的人大代表以对“实事工程”票决为突破口，激活了地方人大行使重大事项决定权的制度活力。今后，人大可以公众关切的“实事工程”为生长点，不断扩展其外延，在回应公众关切的过程中将“重大事项”具体化，扎实稳步地推进人大“重大事项”决定权的实现。

2. 填补了地方人大在公共治理中缺位的体制性短板

尽管法律确立了地方人大对重大事项的决定权，但以往人们常把这一权力当作地方决策中的程序性环节而不是实质性环节。在实践中，重大事项（政府实事工程）往往由政府捆绑打包后再由全体人大代表在人代会上以审议政府工作报告的形式进行表决，地方人大对这些重大事项很少有真正的决定权，其在公共决策过程中基本处于缺位状态。人大在地方治理体系中的边缘化是公共治理中一块致命短板，由于民意缺乏体制性的表达平台，近年来地方重大公共项目决策中，与环境影响相关的决策引发了“四面开花”的邻避运动。在“政府决策—居民反对—邻避冲突—决策搁置”的过程中，学界开始思考地方重大公共项目决定权的归属问题。

现代公共治理是国家与公民社会、政府与非政府、公共机构与私人机构互动合作的过程，正如有学者所言，“善治实际上是国家的权力向社会的回归，善治的过程就是一个还政于民的过程。”①现代治理要求改变传统的通过权威和强制力掌握和控制国家的统治型管理理念，而强调公民和社会组织实质性地“参与”的多元共治理念。人大代表票决制是人大在工作实践中对宪法和地方组织法规定的重大事项决策权的落实和细化，是人大重大事项决策权从程序性向实质性迈出的坚实一步。同时，人大及其常委会对自己批准的重大事项，发动和依靠代表进行实实在在的联系和监督，从而把人大行使重大事项决定权和监督权有机结合起来，使人大制度的影响力更大，使地方人大的地位和职权得到了很好的回归。

3. 标示了地方重大决策民主化的发展方向

江东区人大代表“实事工程”票决制是一种自下而上的民主决策方式，其做法操作简便，社会各界认可程度高，受到的改革阻力较小，有利于社会各界公平有序地参与整个工作过程，有利于激发和调动全社会的民主积极性，使代表和群众能参与讨论并决定地方公共事务，对政府进行民主监督，推动地方民主政治建设进程。该制度具有地方重大项目决策民主化的范本价值，也可作为推进“实事工程”项目以外的其他公众关切的重大决策民主化改革和创新的范本。

人大代表实事工程票决制实现了政府与代表、群众之间的良性互动，形成了代表、群众对实事工程民主参与、民主决策、民主管理、民主监督的良好机制，使党委领导、人大决定、政府执行与人民意愿实现在公共治理中找到了一个比较理想的结合点。这既符合我国宪法和地方组织法精神，又与推进国家治理体系和治理能力现代化要求的精神相契合，同时，也反映了当前基层民主政治建设实践的现实需求。正如复旦大学陈明明教授所言，“票决制是基层

① 俞可平主编：《治理与善治》，社会科学文献出版社 2000 年版，第 11 页。

民主、直接民主的很好体现，也是一种很有益的民主政治的训练。”[①]面对基层群体矛盾纠纷不断涌现、政府执政压力不断增加的现状，世界与中国研究所所长李凡指出：“这种协商性、对话性的民主，为中国民主的发展方向开创了一种新思路。”[②]

4.促进了民众对政府重大决策的信任和支持

政府主观上有为民办实事的良好愿望，但因与群众之间的信息不对称等原因，政府想办的实事与群众的愿望往往存在差距。这导致政府投入了大量资金和精力，辛辛苦苦办“好事”“实事”，但群众并不领情，甚至阻扰反对，造成政府办事吃力不讨好的尴尬局面。

江东区由人大代表对“实事工程”进行票决，有效地将人民群众的选择、人大代表的决定（票决）、人大和社会各界对政府“实事工程”的监督和评价的全套机制移入地方政府的重要决策中，使民众的利益与政府重大决策间建立了关联，从而有助于改变民众对政府决策的不理解、不信任、不答应和不满意的局面，缓解了政府重大决策的合法性危机。

5.推进了政府权力运行的公开化和规范化

理论上讲，人大是权力机关，政府是执行机关，政府执行人大的决定（立法）并对人大负责。但因事实上人大决定权的虚化，政府往往代行了人大的决定权，导致人大对政府权力运行的法定监督功能弱化，不能从制度上防范政府权力运作的“暗箱操作”。

江东区人大代表票决制使重大事项的决定权回归了地方人大。人大要行使重大事项决定权，就必须参与到政府实施重大事项的全过程中去。人大要对实施中的重大事项加以全程跟踪和监督，既要及时听取政府相关部门贯彻落实人大决定情况的报告，又

---

① 包蹇：《政府菜单代表点菜　实事工程决定权由政府转人大》，《山西农业（村委主任）》2008年第2期。

② 转引自崔艳：《实事工程代表“点菜”》，《浙江人大》，2010年第21期，第32页。

要主动组织常委会组成人员、人大代表检查、视察、调研决议决定落实情况，并对落实情况和项目成效给予评价和验收。对落实情况不满意的，要继续监督落实，也可以视情节，按照法律规定，启动相关的程序，对落实过程中出现的问题要及时予以解决。人大对政府执行过程的全程监督，使政府权力运行的每个环节都暴露在阳光下，有助于实现政府权力运行的公开化和规范化。

（四）“实事工程”人大票决制的发展空间

1. 人大实事工程决定权行使程序被动化

从法理上讲，重大事项的决定权是宪法和法律授予各级人大及其常委会的专属权力。但在实际政治生活中，除全国人大及其常委会的重大事项决定权因有宪法和法律的明确规定行使相对较多外，地方各级人大及其常委会的此项职权基本上处于睡眠状态。地方各级人大及其常委会基于政治体制和决策机制的现实原因而未能积极行使的重大事项决定权转而由党委、政府直接行使，权力实践的结果是人大“该决不决”，政府“不该决而决”。当前，人大重大事项决定权的行使基本上流于被程序化，具体流程被设置为，涉及国家和地方政治、经济、文化和社会生活中的重大事项的议题，由政府提请人大批准、履行程序的占绝大多数，人大及其常委会根据人民群众的意愿、要求和社会需要，主动就社会热点、难点和焦点问题做出决议、决定的明显偏少。

江东区实事工程人大代表票决制虽迈出了地方人大实质性地行使重大事项决定权的破冰之旅的步伐，但在启动程序上来说，纳入区人大票决的重大事项，通常都是由区党委明确交代或政府主动提请，人大常委会尚不能主动要求讨论和决定。换言之，人大常委会在实事工程的决定权行使上仍处于被动的状态。

2. 人大讨论决定的重大事项范围仍不明确

江东区人大行使重大实事工程项目决定权至今，对于哪些事项算是重大事项的问题一直难以把握。究其原因，如前所述，由于目前我国宪法以及地方组织法等法律法规对此的定义过于抽象和笼统，实践中，人们用“事关全局”“根本性的”“长远的”“人民群众普遍关心的”来定义重大事项。这种没有实际内容、外延模糊的定义方式，实际上等于没有界定。近些年，尽管不少地方人大常委会也制定了关于重大事项决定权的地方性法规及规范性文件，但是内涵仍然不够明确，外延也不周全；同时，所列示出的各项内容间缺乏明晰逻辑关系，分类标准不一致。

重大事项范围不明、内容不清致使人大在具体工作实践中抱有多一事不如少一事的心态，怠于履行职责，或者履职不主动。要使地方人大讨论决定重大事项常态化、制度化，必须解决重大事项如何界定的根本问题。

3. 人大实事工程票决欠缺理性交涉的程序

尽管人代会票决按照规范有序原则来组织实施，但主席团会议提出《政府实事工程项目（草案）》后交付代表审议时，由于没有让代表们深入交换意见的辩论环节，代表们可能不能很好地理解项目，也可能仅从自己或本单位“谋利益”的立场出发来选择实事工程项目。在代表素质不高、宗派势力强的少数地方，甚至会出现代表们结成利益团体，相互帮忙，相互拉票，以票易票的“共谋”现象。这些行为导致票决项目背离党委、政府的意图，制约和影响票决制工作的实施效果。这是票决程序中亟待加强和规范的地方。

4. 人大监督项目实施过程的手段偏少偏软

票决出的实事工程项目建设质量是否有保证，取决于人大在工程实施和建设中加强事中监督和事后工程建设评议。现行制度设计中，区人大虽然组织以走访、视察等形式的政府实事工程监督，事后进行实事工程满意度测评，也实施领导包干、代表联系的全程跟踪制度，但是监督工作仅局限于对工程项目进展情况的监督，没有监察、审计等职能部门参与的专项督察，缺少了对工程项目资金落实情况、资金实际支出情况、项目管理水平、项目验收评估等方面比较深入、细致的监督，也难以发现工程实施过程中真正存在的问题，进而提不出有针对性、实用性的建议，因而无法做到客观、全面地评估项目实施结果，满意度测评也较容易流于形式。

(五)地方人大票决制进一步创新的路径

1.确立地方人大主动界定重大事项的审议程序

地方人大票决的"重大事项"范围在实体上难以明确，导致人大行使重大事项决定权被动、消极。要改变这种状况，必须建立起人大主动界定、讨论和决定重大事项的程序和机制，明确规定人大行使重大事项决定权的不同情况，严格重大事项决定权的行使程序。要建立地方党委与人大常委会之间就重大事项的界定和讨论决定问题的沟通协调制度，建立人大常委会对政府职能部门、人大代表和社会公众就重大事项认定建议的审核受理制度，以解决县域重大事项的"谁来界定"和"如何界定"问题。具体来说，可以建立启动某事项是否属于"重大事项"的判断的两个程序性机制①：

第一，地方人大的自主动议。依据地方组织法第四十六条规定，常务委员会主任会议、人民代表大会各专门委员会、常务委员会组成人员三人以上联名可以向本级人民代表大会常务委员会提出属于常务委员会职权范围内的议案，要将这份制度内的资源激活，成为地方人大自主启动"重大事项"认定的常态化机制。同时，考虑基层地方人大常委会主任、委员以及专门委员会委员人数少且多为兼职的现状，为保障议案质量，还应当将享有提议权主体的范围扩大到一般人大代表和选民，规定一定数量的人大代表或者一定数量的选民也可提出议案。提议权主体的范围大小反映了民主的发展水平"，②尽量扩大提议权主体范围是提高民主化程度的客观要求。

第二，党委或政府的外部动议。地方党委可将本行政区域内带有全局性、普遍性和关系人民群众切身利益的重大问题，建议地

---

① 参见马克敏:《地方人大重大事项决定权工作机制探索》,《重庆与世界》,2014年第6期;肖辉:《地方人大重大事项决定权行使的研究》,硕士论文,宁波大学,2013年,第18—19页。

② 许卫林:《略论地方人大常委会重大事项决定权的行使》,《唯实》,2010年第5期。

方人大在代议民主制度的框架内，对某一具体问题是否“重大”进行判断；也可由政府和政府部门按照重大事项的相关界定，主动梳理并科学确定本行政区域内的重大事项，将其中符合法律规范、群众反映强烈、人大及其常委会有能力解决的问题主动提交人大审议。

党委建议或政府提议的外部动议事项是否认定为重大事项，由人大常委会全体投票表决，具体可以借鉴法规草案的“两审通过制”程序，即重大事项决定的议案，第一次提交会议只审议，不表决，待下一次会议审议成熟后再表决通过，以保证有充分的审议时间。同时，为使做出的决定更加科学、更切合实际，还可设计一道“双保险”的另一道安全门，即可以借鉴“立法前评估机制”的经验，尝试重大事项决定“出台前评估”，在重大事项决定出台前，邀请人大代表、常委会咨询专家、人民群众、相关厅局对该决议进行评估，力求通过对决定内容的合理性、决定出台时机、决定社会影响进行综合评价。[①] 交由人大常委会全体投票表决的事项，可规定过半数或三分之二多数通过即列为重大事项。

2.界分人大决定的重大事项范围之类型

实践中很难将应由地方人大讨论、决定的重大事项范围明确化，但我们可以通过设定实体性标准，在法律上以列举加概括式的方式，相对明确地界分地方人大决定的重大事项范围之类型。从地方性立法经验来看，确定重大事项范围的实体性标准类型有如下三类[②]：

第一，“议而必决”的重大事项。即须由人大常委会讨论，做出

---

① 贵州省人大常委会研究室课题组：《探索地方人大全面行使重大事项决定权的途径与方法》（http://www.gzrd.gov.cn/news/20140926/20140926160428667 2_0.html）。

② 贵州省人大常委会研究室课题组：《探索地方人大全面行使重大事项决定权的途径与方法》（http://www.gzrd.gov.cn/news/20140926/201409261604286672_0.html）；肖辉：《地方人大重大事项决定权行使的研究》，硕士论文，宁波大学，2013年，第15页。

相应决议、决定的事项。这类事项包括如下几个方面：一是涉及本区域内与群众切身利益密切相关、事关大局和全局的重大改革，如社会保险制度改革、住房制度改革、医疗制度改革等事项；二是投入资金数额排位靠前（譬如位于投资项目目录前 1—5 位）的“较大数额”政府建设项目；三是涉及社会救助、就业促进、保障性安居等重大民生工程的安排和实施等事项；四是涉及对生态环境、自然资源保护、公共安全有较大影响的建设项目等。

第二，“议而可决”的重大事项。即须由人大常委会讨论，但不做出决议、决定或必要时才做出决议、决定的事项。这类事项包括如下几个方面：一是涉及食品、药品和农产品等重要的安全监督管理的事项；二是涉及环境状况和影响环境保护目标完成的事项，如大气、水、土壤的污染防治规划和实施等事项；三是造成严重危害的自然灾害、事故灾难、公共卫生和社会安全事件等重大突发事件的应对处理情况等。

第三，“应当报告”的重大事项。即只要求向人大常委会报告，由常委会提出审议意见的重大事项。这类事项包括：一是本区域内土地利用总体规划、城镇体系规划的编制、实施情况；二是涉及国计民生、关系群众切身利益的重要公用事业、公益性服务、自然垄断经营的商品的政府定价或者指导价的调整等；三是与国外地方政府建立友好关系等。

地方人大行使重大事项决定权的典型情形为上述第一类。这类事项或涉及重大改革，或关系民生工程，或影响生态环境等，均关涉到群众根本利益、公共安全和社会稳定等大局的问题，这类项目范围要尽量具体化，决策（决定）程序要尽量公开化，以提升项目的公众认可度和社会合法性。

3. 健全地方人大票决的讨论、决定程序

人大票决重大事项的过程由讨论、决定重大事项和决定实施的监督、反馈等环节组成，实现人大重大事项决定权依赖于各个环节工作机制的建立和完善。讨论、决定重大事项的程序事关人大决定权的启动与实质运转，必须建立起一套包括确定重大事项议题、决定前的调查研究、决定前的听证会、审议方式的选择与确定、决定的表决通过在内的保障机制予以支持。

项目的征集遴选能否充分听取公众意见在很大程度上关系着票决制工作的成败，也影响着代表们对票决制工作的参与热情，因此，有必要建立起公民实质性参与的机制，在项目征集过程中组织听证会，提高意见征求的民主化与公开化，确保候选项目的公开透明。这个阶段应由人大牵头组织财政、相关责任部门、听证代表(建议的提出者、项目的受益者)参加听证会，相关责任部门对候选项目进行介绍并予以说明，然后，再由听证代表向相关责任部门进行质询、发表意见，相关部门就相关问题接受代表的质询，这样使得代表的选民代表意识得到强化。

票决阶段尤其关键，为提高决定的科学性和民主性，应设置票决辩论程序，让参与投票的人大代表有机会全面了解所有的候选项目，以避免投票时“跟着感觉走”的随意性和轻易被拉票的现象出现。其实，在国外地方议会的实际运作过程中，听证和辩论也是议会工作的两个非常重要的环节。前者代表议会对社会利益的吸纳和综合，后者代表议会自己对利益的妥协与综合。① 因此，票决辩论程序是一道均衡利益、防止民意被操控和利益表达极端化的机制。为了使辩论的有序进行，实现其预定目的，可在项目票决前，选好每个实事工程候选项目的代言人②；项目代言人在代表票决前，向人大代表介绍候选项目的情况，并说明入选理由，接受人大代表的询问和质询，对于人大代表的辩驳，代言人予以回应；最后，在充分辩论后由人大代表比较甄别，独立填写票决票。

4. 完善票决后项目实施的监督机制

地方人大做出的决议、决定，是人民意愿和地方国家权力机关

---

① 上海市人大常委会研究室课题组:《国外地方议会职权行使比较研究暨对中国地方人大建设的启示》,《毛泽东邓小平理论研究》,2006 年第 5 期。

② 代言人应该有一定的资格条件，其不但要熟悉本项目的情况，还要具有一定的语言表达能力和辩论技巧。

意志的体现，具有法定效力，因而实事工程票决后，要建立有效的监督机制，确保项目实施的质量。这是实现民意和落实人大决定权的必然要求。地方人大要不断完善项目实施的监督机制：

第一，审议项目实施的具体方案。人大在表决通过重大事项决定同时或之后，应审议通过决定的具体实施方案，对决定的实际内容、目标、进度和保障措施等做出规定。

第二，建立完备的督促机制。为了充分发挥人大监督的效力，运用法定监督手段进行督办，应建立起执行情况定期报告制度、反馈制度、跟踪检查制度、不作为责任追究制度等，使人大重大事项决定权与监督权的行使互相贯通、相得益彰。从实体上看，《监督法》赋予了地方人大常委会多项监督手段和监督权力，包括财政监督、规范性文件的备案和审查、询问和质询、特定问题调查，还拥有人事任免权，地方人大常委会要用足用活这些法定权力和监督手段，将检查、反馈、处置等措施环环相扣、协调有序地运行①，以此切实保障人大做出的决议、决定得到有效执行，维护地方人大依法行使决定权的权威性。②

第三，探索建立专项督查制度。“绝对的权力产生绝对的腐败。从预防腐败的角度来看，加强对政府的监督制约是毋庸置疑的。”③为增强人大监督政府实施实事工程的实效性，应不断创新人大的监督形式。在实施代表联系全程跟踪监督实事工程的基础上，探索聘请有关专家，会同纪检、监察、审计等部门实行专项督查，聘请熟悉工程管理的专家，全程参与工程招投标、施工管理等过程，全面测评项目资金的使用绩效，提高财政资金使用效益。

---

① 例如，凡对决议、决定执行不力的，或者拒不执行的，人大常委会可通过采取责令限期改正、通报批评、组织特定问题调查、质询、罢免等刚性手段予以纠正和处理。

② 马克敏：《地方人大重大事项决定权工作机制探索》，《重庆与世界》，2014 年第 6 期。

③ 田洪俊：《考察美国议会的几点收获和启示》，《人大研究》，2010 年第 12 期。

二、公民参政议政的话语平台——《我们圆桌会》

（一）背景与实践

近年来，杭州热门的电视谈话节目《我们圆桌会》颇引人注目。5年里，共播出了700多期节目，邀请5000多位杭城各界市民参与各领域公共问题的讨论，并和政府职能部门面对面交流、工作质询、意见碰撞。圆桌会上，杭州市民直言不讳，有啥说啥。话题包括养老、交通、医疗、公交优化、空气治理、优质教育、农村文化、美丽乡村建设等公共话题。有时，杭州市市长张鸿铭还会亲自来到演播室，和来自社会各界的嘉宾围坐圆桌，讨论杭州市政府民生重要实事工作。市民们会直言不讳，向市长吐露心声，市长也会边听边记，有问有答，探讨交流。最后，现场嘉宾会委托节目组将建议，以书面形式递送给市政府监察室，供政府决策参考。

据节目策划组介绍，开办这档节目的初衷，是因为网络自媒体迅猛发展，一些社会事件由于信息不通畅、不对称，被网络推波助澜后，社会弥漫着焦虑、不信任甚至戾气，部分群众对政府工作不了解、不理解、不信任、不支持，影响着政府工作的推进。正是在这样的背景下，2010年12月，社会沟通的公共话语平台——《我们圆桌会》应运而生。为了达到平等沟通的效果，节目策划者精心地进行了栏目设计。从栏目名称的设计来看，《我们圆桌会》别有寓意："我们"的概念来自城市共治的理念；"我们"是这个城市每一位成员的集成，即每一位市民都是这个城市的主人，杭州是"我们"的杭州，杭州的好有我们每一个人的功劳，杭州的不好也有我们的责任，每个人都是主人翁，都是责任人。"圆桌"意味着民主与平等，参加节目讨论的嘉宾围圆而坐，没有高低贵贱的身份之分。在《我们圆桌会》的平台上，参与节目的党政、市民、媒体、知识界、企业界等各界代表都以主人翁的姿态展开理性交谈，构成"我们"一体，营造"我们"的城市"我们"共同管理的效果和氛围。

当下，这档节目已成为杭州市政府收集民意、听取民计的重要平台，更是杭城百姓了解政策、释疑解惑的重要渠道。“我们圆桌会”是杭州市委、市政府主导下民主议政的一种形式。

（二）《我们圆桌会》里的社会沟通

《我们圆桌会》节目是政府用服务外包的形式，让媒体搭建一张面向全体市民的“城市圆桌”。围在“圆桌”边，党政领导和社会各界人士能平等对话，畅快沟通。

在嘉宾选择上，节目组明确共治理念，讨论嘉宾必须“多界联动”，广泛有层次，即每期节目都要有政府界、市民界、知识界、企业行业界、媒体界代表参加，充分保证各方利益的代言人能发表观点。节目组非常强调平等，让嘉宾围桌而坐，没有主次，不分身份，尊重每一位嘉宾的话语权，保障每位嘉宾发言机会，尤其鼓励市民代表畅所欲言。

在制度保障上，为保证政府部门的同志能及时到场听取大家的意见建议，与市民互动，杭州市委办公厅还特别设置了节目发函制度，每期节目发公函至相关职能部门，要求相关负责人参与节目。

为让话题讨论更加深刻，增加节目的信息量，节目组综合使用外场采访、背景资料回顾、电话热线、网络观察员、信息小灵通播报、调查发布等多种开放式的互动参与形态，层层剥茧，剖析问题，把话题谈深谈透，最终在播出中呈现各方观点，供观众选择、判断、思考，供政府决策部门参考。

（三）《我们圆桌会》的社会治理价值

1. 汇聚民意、凝聚共识，直接影响政策决策

作为参与城市社会治理的组成部分，《我们圆桌会》节目不仅凝聚共识，还汇聚民智，直接推动问题解决。例如，2011 年 1 月，“缓解交通难”系列节目播出后，栏目组汇总梳理了《缓解我市交通拥堵 36 计》，上报杭州市委、市政府，提出的诸多治堵之策，引起了市委的高度重视。杭州市长张鸿铭多次利用这个平台，聆听群众对“五水共治”“垃圾分类”“政府民生实事”的意见建议。据调查反

馈,5 年来,栏目讨论涉及的 700 多个民生话题,对政府开展工作起到一定的帮助作用。各职能部门还主动与栏目组建立联动机制,在政策调研、发布和执行阶段,希望借助节目开展意见征集、政策发布和效果反馈。如今,《我们圆桌会》已不仅仅是一档电视节目,而是杭州“开放式决策”“民主促民生”城市复合管理链条中的一环。在这个公共话语平台上,民意民智以最快的方式被传播,甚至直达城市决策高层。

2. 舒缓情绪,缓和冲突,有利于化解社会矛盾

节目邀请党政领导、社会各界广泛参与,平等对话,给专家学者充分的发挥余地,给参与者理性讨论问题的机会,从而解疑释惑,促成共识,这种关照各方情绪、用民主协商的方式化解社会矛盾,更能使大家心平气和,理性沟通,也能促使大家换位思考,加深彼此的理解。原本很尖锐的社会矛盾问题,一到“圆桌会”上,就变得缓和了。这种方式有利于促进社会治理,化解社会矛盾。

3. 民主监督、参政议政,促进多元共治

政府借助新闻媒体平台,主动关注和引导敏感的民生热点问题,在一个大城市里公开搭建面向全体市民的公共话语平台,这是民主议政的进步,是让群众拥有更多知情权、参与权、选择权和监督权的一项实在举措,也是激活公民治理社会能力的平台。

三、行政执法监督工作机制的创新:宁波试点地区的观察

为了认真贯彻落实党的十八届四中全会、省委十三届六次全会和市委十二届八次全会精神,有效履行《浙江省县级以上人民政府行政执法监督条例》赋予县级以上人民政府的法定监督职能,进一步加强行政执法监督,创新监督工作方式方法,宁波市于 2015 年 8 月启动在全市开展行政执法监督工作机制建设试点工作,以促进规范公正文明执法。该项试点工作已于 2015 年 9 月 1 日进入实施阶段,并计划于 2016 年 1 月 1 日进入提升和总结阶段,要确保试点任务取得阶段性成果。

建设试点工作旨在围绕省政府和省政府法制办提出的要求，建立相应的行政执法监督工作机制，将行政执法监督工作纳入制度化、规范化、程序化的轨道。积极吸纳社会力量参与行政执法监督，加强政府法制监督与检察监督等的协作。建设的主要内容拟包括：

（一）建立行政执法专项监督制度

为促进行政执法监督工作的制度化和规范化，建设试点工作将制定出台宁波市行政执法专项监督办法，明确行政执法专项监督的法律依据、监督职权、重点监督领域、监督主体、被监督对象、监督内容、监督程序、监督结果运用和异议复核、对行政执法机关和行政执法人员的责任追究等。

（二）建立社会参与行政执法监督工作机制

要积极吸纳社会力量参与行政执法监督，制定宁波市特邀行政执法监督员聘任和工作规则，明确特邀行政执法监督员的聘任条件和程序、任期、予以续聘、予以解聘的情形和工作内容、工作程序等，并聘任首批特邀行政执法监督员。同时，借助新闻媒体的力量，探索建立行政执法监督与社会媒体监督互动协作机制，充分发挥新闻媒体在加强行政执法监督中的作用。

（三）建立检察监督与政府法制监督协作机制

应加强政府法制监督与检察监督等的协作，探索建立行政执法检察监督与政府法制监督协作机制。开展行政执法检察监督与政府法制监督协作机制建设试点工作，探索建立协作联席会议、监督信息互通和工作协助、建议落实反馈和案件线索移交等制度，充分发挥各自的监督职能，进行协同监督。

（四）组织开展行政执法专项监督

围绕社会关注、群众关切的热点和难点问题，将食品药品安全、安全生产、生态环境保护等领域作为行政执法专项监督的重点。通过新闻媒体、群众投诉举报和行政执法案卷评查等途径，发现问题，并采取组织抽查、书面检查、实地查看、现场暗访等方式，对行政机关违法行为、滥用职权、久拖不决、失职渎职等“乱作为”“慢作为”和“不作为”等问题进行查处，并可以约谈相关责任人，依法追究行政执法机关和行政执法人员的法律责任。

第四节 行政问责的探索与实践

一、责任追究机制概述

(一)责任追究的依据

有权必有责，政府行使行政权力应向国家立法机关和全体人民负责，积极回应并满足公众的各种合理诉求，其不负责任的各种行为应受到有效监督和制约。根据人民主权原理，国家权力是基于人民授权而形成，因此必须对人民负责。政府作为行政权力的行使者，法律在授予其权力的同时规定了其必须承担的相应责任。国务院《全面推进依法行政实施纲要》明确指出：“行政机关依法履行经济、社会和文化事务管理职责，要由法律、法规赋予其相应的执法手段。行政机关违法或者不当行使职权，应当依法承担法律责任，实现权力和责任的统一。依法做到执法有保障、有权必有责、用权受监督、违法受追究、侵权须赔偿。”从责任政府的建设来看，关键在于构建有效的监督机制。

(二)问责主体：谁来问责？

所谓的问责是指问责主体对其管辖范围内各级组织和成员承担职责和义务的履行情况，实施并要求其承担错误行为后果的一种责任追究制度。随着“依法治国”理念的不断深入，公民对政府行政行为是否合规的要求也越来越高。所以，许多人对已经明确的错误行政行为不愿意“网开一面，息事宁人”，而类似的官员行政问责案例在全国频频发生。学界普遍认为，我国目前问责制度包括同体问责和异体问责。同体问责是指执政党内部对其党员领导干部的问责，或者行政系统对其行政官员的问责。异体问责，主要是指人民代表大会、人民检察院以及社会舆论监督对政府行政机关的监督问责。

二、问责机制的探索与完善：宁波北仑样本

为切实加强对党政机关及其工作人员的监督管理，2014 年宁波市北仑区修订完善并出台《北仑区（开发区）党政机关及其工作人员问责办法》（以下简称《问责办法》），加大对执政履职情况的问责力度，进一步提升党政干部的执政能力和执政水平。1—9 月，全区已有 11 家机关单位和 56 名工作人员被实施问责，有效督促党政干部转变作风、依法行政、认真履职。

（一）扩大了适用对象范围

修订后的《问责办法》扩大了其适用对象范围，将其适用对象从全区党政机关及其工作人员，扩展到包括辖区人大、政协、审判、检察机关，人民团体、事业单位、财政拨款的其他组织和国有及国有控股企业及其工作人员在内的对象。并且，还将行政机关、法律法规授权的具有公共事务管理职能的组织和行政机关依法委托从事公共事务管理活动的组织中从事公务的编外人员，一并要求参照本办法有关规定并结合实际情况严格执行。

（二）明晰了问责的范围和情形

修订后的《问责办法》更加明晰了问责的范围和情形。问责范围从决策、执行和监督过程中不履行或不正确履行职责行为，造成不良影响或者严重后果的，进行认真梳理和归纳，共细化规定 16 种有关责任单位和责任人应当问责的情形，明确 5 种应当从重处理及 3 种应当从轻或减轻处理的情形，充分体现以人为本的理念以及惩教相结合、错责相适应的原则。同时，允许各党政机关根据各自工作职责丰富和完善具体的问责情形，以适应实际工作的需要。

(三)细化了问责方式和种类

修订后的《问责办法》细化了机关和工作人员的问责方式和种类。规定对党政机关责令做出书面检讨、通报批评、调整领导班子等 4 种问责方式,及对工作人员诫勉谈话、停职检查、责令辞职等 10 种问责方式,并根据责任性质、情节轻重、损害后果和影响程度,单独或合并运用与之相对应的问责方式。对党政机关进行问责的,一般应当同时对相关责任人员进行问责。而且,对机关和工作人员的责任承担划分更细,规定党政机关及其工作人员应承担的责任与其过错行为所造成后果的因果关系和责任性质相一致。如党政机关不按规定履职,主办机关负主要责任,主办与协办不明确的,所有承担机关负同等责任;对工作人员不按规定履职,根据职责分工差异实行直接责任、主要领导责任、重要领导责任分类问责。

(四)严格了问责程序和效力

问责程序操作性强。根据北仑区纪委(监察局)、各党政机关的管理权限,实行问责案件分级管理。从受理问责线索、组织调查核实、提出处理意见、做出问责决定、送达问责“两书”、执行问责决定、明确救济权力等方面做了具体明确的规定,问责程序可以“照葫芦画瓢”,清晰简明,操作便捷。而且强化了问责的效力,将问责结果与考核升迁挂钩。党政机关及其工作人员被问责的,一律取消当年度考核评优和评选各类先进资格,单位扣减年度目标管理考核分,个人相应扣减年度考核奖金并作为年度考核等次依据之一。同时,规定对受到组织调整岗位处理的,一年内不得提拔任用;受到辞职、免职处理的,一年内不得安排职务,两年内不得担任高于原任职层次的职务,切实增强了问责的综合效果。

三、浙江首家“行政执法问责中心”:奉化的实践

2014 年,奉化市在浙江省率先成立了一个“行政执法问责中心”,该中心由当地监察局局长“挂帅”,主要职责就是受理、调查问

责案件。对群众关心的重大问责案件实行“开门问责”，向社会公开答复。最终的问责结果，依据案情性质及情节轻重，追究有关领导责任，最高免职直至移交司法机关。

该问责中心日常工作由奉化市纪委监察局负责，挂行政执法问责中心牌子，负责人由监察局局长兼任，工作人员从相关单位抽调，实行集中办公；同时，会同检察院、组织部、宣传部、法制办、公安局、审计局、安监局、信访局、民情会办中心、行政执法中心等单位，建立联席会议制度，共同研究解决问责案件。

奉化的行政执法问责中心是奉化行政执法体制改革的举措。该机构的目的是“分权制衡，全环闭合”。与行政执法问责中心同时成立的是民情会办中心、行政执法中心，行政执法问责中心的主体是由市纪委（监察局）、检察院、组织部等单位组成，日常工作由纪委（监察局）负责，实行集中办公，对全市行政执法行为进行评价、监督，对行政执法失职行为进行问责。虽然依托监察局，但是主要职责是问责行政执法行为。

自该中心试运行以来，调查了宁波平青牧业有限公司非法排污、萧王庙街道原西江村违章建筑、县江源头污染等案件，并有10余名政府工作人员被问责，推动了当地部门执法规范化。被媒体曝光的违法排污事件，经问责中心联合调查，该环保局4名执法人员被移交司法机关处理，另有7名领导干部和执法人员被问责和做党政纪处理。

四、行政问责制的发展空间与展望

（一）建立依法行政责任倒查机制

全面落实《行政监察法》《公务员法》和各地区的《党政机关及其工作人员问责办法》，必须建立依法行政责任倒查机制。对政府及部门因不履行依法行政领导职责，导致本地区、本系统一年内发生多起严重违法行政案件、造成不良社会影响的，要切实地、严肃地追究其相关负责人和主要负责人的责任。

建立重大决策终身责任追究制度及责任倒查机制，完善相关配套措施和实施细则，对决策严重失误或者依法应该及时做出决策但久拖不决造成重大损失、恶劣影响的，严格追究行政首长、负有责任的其他领导人员和相关责任人员的法律责任。

（二）全面落实行政执法责任追究制度

对行政执法不作为和过错行为实行责任追究制度。对行政不作为、违法行政行为或者在行政诉讼、行政复议中被撤销或确认违法的案件，按照有关规定严格地追究直接责任人和有关领导的责任。

（三）完善行政问责情形、方式与程序

加大行政问责和绩效管理监察力度，健全责令公开道歉、停职检查、引咎辞职、责令辞职、罢免等问责方式和程序。推进各级政府机关根据各自工作职责的实际需要，丰富和完善具体的问责情形。

积极推进"一案双查"，对党风廉政建设的案件，既要查清当事人的违纪问题，又要查清所在单位主管领导或分管领导的责任，对负有监督管理责任的单位和人员实施责任追究。

第六章 浙江地方治理与公正司法[①]

第一节 法治浙江建设与“公正司法”概况

为巩固公平正义的最后一条防线，推动法治建设，作为沿海经济发达区域，浙江省开拓创新，践行“让公民在每一个案件中都感受的公平正义”的目标，开辟出许多司法改革的创新制度，并在实践中取得许多司法改革的卓越成就。

一、司法公开之实践

2014 年 7 月“浙法公开网”正式开通，这是全国首个省、市、县三级法院一体化公开、一站式服务的司法公开网站。[②] 网站主要由法院公告、审判流程、裁判文书、执行信息、诉讼指南等模块组成，包含了立案、庭审、裁判、执行等几个环节的书面和影像的全方位公开。其最大的亮点是设置了诉讼案件的查询和在线办案系统，以及安排了诉讼常识和常用文书的范例，这无疑为当事人特别是缺乏诉讼常识的普通群众提供了便利，减轻了“诉累”。另外网站中的庭审直播更是一大特色，使得庭审过程透明，曝光于广大人民群众的眼皮子底下，解决了以往进入法院旁听门槛高，程序烦琐，场地有限的一系列难题。在执行信息的板块中是失信被执行人名

---

① 该章由本人列出提纲后，具体内容全部由宁波大学 2015 级宪法学与行政法学研究生郑培玮同学撰写，本人最后进行修订。

② 王婵：《“法治浙江”建设八周年纪事之二》，《浙江日报》，2014 年 10 月 14 日。

单，这也是网站的特色；这一名单关乎名誉和公众认可度，特别是对机关单位、法人组织是一大约束与震慑。在不到2个月的时间里，浙江省的“人民检察院案件信息公开网”紧跟着上线运行，全面实行检察工作透明化、规范化。这些网站标志着阳光司法的推进，司法公开与信息化紧密结合，不仅使得司法公开更符合规范，也为当事人提供了便利和拓宽了救济途径。

淘宝中的司法拍卖逐渐成为潮流。委托拍卖行拍卖费用高、暗箱操作的可能性大。不利于司法拍卖的公正化，也大大降低了司法拍卖的成交率，因此淘宝与司法机关通力合作，以网上缴纳保证金方式确定竞拍人员，在一定时限内，限定一定幅度予以加价，直到时限结束确定最后拍卖价。其拍卖加价过程公开透明，全程记录，允许其他网民旁观，各个地方区域的法院均可以发布相应的拍卖信息，通过拍照、录像方式向网民介绍拍卖物品的详细信息。这种方式的拍卖成交率高，而且价格“暗箱操作”的可能性小，易被公众接受。“截至2014年6月，浙江省司法拍卖总成交额达119亿元。从最初的汽车、房产为主，扩大至机器设备、厂房、商业用房、公司股权、海域使用权等，几乎涵盖所有涉讼资产。”①

二、检察监督之实践

浙江省检察机关进一步完善基层检察院规范化建设，分类考评，开展撤案、不捕、不诉、无罪判决案件复查，人均办案数全国第一，办案质量全国第二。这一举措重在分类分环节对于整个案件进行监督检察。由于目前检察机关各个部门存在各自运作，不相协调的现象，其在证据的审查和移送上存在漏洞，在对检察监督中的各个行为的做出条件与依据存在漏洞，因此对检察监督中的各个环节需要进行复查考评，对其中的违法行为予以纠正，追究相应的责任人。这有利于发挥检察院的监督检察作用，并且督促检察

① 王婵：《“法治浙江”建设八周年纪事之二》，《浙江日报》，2014年10月14日。

院内部科室相互协作，加强沟通，提高办案效率和质量的最佳途径和方式，应在以后全国范围内予以推广与实践。

另外，浙江省司法机关注对冤假错案的平反工作。2013 年浙江省相继平反张辉、张高平叔侄杀人冤案和萧山一起涉及 5 人、因错判服刑 17 年的冤案。浙江省强化对于审判监督程序的实行和不断完善检察院的监督纠错机制建设，降低启动纠错机制的门槛，简化手续，在证据事实的认定上严格把关，坚持“疑罪从无”原则，对于事实不清、证据不足的案件不得强行结案。积极对待群众有关人身利益的上访，引导公民通过正当的程序维护其合法权益。在案件的审理过程中注重对被告的人权保障，在讯问被告人的过程中规范讯问程序，做好审问记录，有必要的予以录音录像，杜绝“严刑逼供”现象。

第二节 公正司法的制度需求

一、司法更加独立

全面推进司法改革其最为重要的是使得各级法院和检察院、司法审判权和检察权更加独立，不受政府干预。这是根除“金钱案”“人情案”“关系案”，保证司法公正、树立司法权威的重要途径。对于行政诉讼要不断完善立案登记制，解决立案难问题，保证行政诉讼完全脱离当地地方保护主义，提高其胜诉率，使得行政诉讼逐渐代替信访成为主要的解决官民矛盾的方式。不断创新司法管辖方式，保障司法人员的中立性和独立性，特别是防范司法人员与地方官员、律师互相联络阻碍司法工作的现象。另外，为遏制地方领导官员利用职权对司法工作的影响和干预，须建立相应惩戒制度予以防范，提升司法公信力，推动法治建设不断完善。

二、司法更加公开和便利

加快“阳光司法”工程的建设，全面构建评估体系，保证裁判结果、庭审过程、审判业务、司法财务、工作机制全方位公开透明，另外，要完善司法官方网站的建设，进行案件规范化分类便于民众查询，开通网上办案系统，解决公众因为提交案件材料，来回于各种烦琐程序的烦恼和困难。开通更多的多媒体渠道拓宽公开渠道，创新公开形式，例如微博、微信等第三方平台，以其操作的公开、便利促进了司法公正廉洁，造福于人民。

三、司法监督更加完善

加强和完善我国的司法监督制度，充分发挥司法监督的作用，坚持内部监督和接受外部监督并重，确保司法公正落到实处。杜绝因司法腐败导致错案产生，司法内部应当完善相应的司法委员会运行机制，建立案件质量评估制度和相应的绩效考评制度，设置优秀案例模板予以表彰。司法外部应当重视其他机关、组织、社会公众及其舆论的监督。检察院和法院应当相互制约，着重强化检察院的监督职能，改变检察院软弱无能的局面，树立其权威。应当完善人民监督员制度，加强对检察院工作的监督，同时应当扩大人民群众的监督途径如互联网、热线电话、新闻媒体、微博、微信等第三方平台。

四、调解手段更加多元

学习“枫桥经验”和“镇海模式”中的优秀经验，创新诉前联调机制，发挥各种机关、组织的调解职能，前移司法职能，将矛盾解决在司法审判之前，以综合多元化的调解手段解决问题，针对矛盾的特点和条件，找到突破口，选择适合的调解手段化解矛盾，促进社会稳定与和谐。

第三节 依法独立审判的制度探索

一、全国深化司法改革的新动向

司法独立是司法公正的重要组成部分，保障法院审判权独立行使是全面深化司法改革的重大要求；司法不独立，裁判结果的公正性大打折扣，司法公信力下降，法治国家的建设就会遭遇困难和阻碍。长期以来，我国审判机构受到内外方面因素影响，出现“司法权力地方化、审判活动行政化、法官职业大众化”的现象，司法独立性岌岌可危。为全面贯彻最高院的《关于全面深化人民法院改革的意见》，应当从以下几个方面进行实践探索和制度创新：

（一）坚持司法去行政化

针对“司法权力地方化”倾向，要求建立相应的跨行政区域法院，设立巡回法庭，改革行政案件管辖制度，要求建立跨行政区域的行政法院和建立更多的最高院巡回法庭，但是这些在短期内尚不能完全实现。[①] 因此，在初期阶段在案件审判管辖上应当借鉴宁波异地交叉管辖的经验，对于地方保护主义明显，易受地方政府干预的事件应当由其他地区的法院管辖，也可设置指定管辖和提级管辖。但要注意的是，对异地管辖案件非固定的模式，应当根据具体情况做不同变化，防止政府法院之间形成固定的“默契”，将司法

① 例如前不久上海市设置的第三中级人民法院和北京市设置的第四中级人民法院，与原第一、第二中级人民法院并没有重大区别，它们虽管辖全市范围内的行政案件，但只管辖区政府作为被告的行政案件和其他重大、复杂的行政案件，而并不管辖区政府部门作为被告的一般行政案件。至于最高人民法院巡回法庭，由于“重大复杂”的解释弹性很大，它们也只管辖严格意义上的重大复杂的属于最高人民法院管辖的行政案件而不管辖现在属于宽松意义上的重大复杂的高级人民法院管辖的行政案件。这些行政案件在巡回法庭审理不一定比在北京最高人民法院本部审理更独立、更公正和更能去地方化。

真正与行政独立。在司法独立有一定进展的情况下，最高人民法院和各地法院在新行诉法施行过程中将进一步加大推进司法独立制度探索和实施的力度。另外，要求防范干预司法的活动，特别是防范领导干部插手案件干预司法的行为，对干预司法行为案件必须全程留痕，做好记录并存入档案以追究其相关责任。另外，要提供法官人身权益安全保障，完善履行职责机制。其次，要规范新闻媒体、网络舆论的管理，限制情绪化的感性思想言论对审判的干涉，使得法官判案不受外力影响，能够独立、中立地做出理性判断。

（二）推动对法院人财物的统一改革

当下法官数量庞大，但是仍然会听到基层法院抱怨案件太多，压力太大，法官盲目追求任务的快速完成，忽略了审判的独立性和公正性，助长了“人情案”“金钱案”“关系案”的发展。造成这一现象的原因一方面是法院内部的案件分流体制不够完善，另一方面最为重要的是法官的专业素质不高，办案能力不够，因此要提高法官的准入制度，特别是对于上层领导不能以从行政单位选调、挂职锻炼等方式参与与案件的审判，须严格按照要求和法定程序选拔任职；“要推进法院人员专业化、正规化、职业化建设，推动法院人员分类管理制度改革、建立法官员额制度、完善业绩评价体系，加强对法官在职培训。”①另外，要加强对法院财物管理改革，确立“收支”两条线，其经费由省级政府统一划拨，能有效避免地方政府以财政分配干预审判，也利于遏制腐败的发生。

（三）践行“阳光司法”工程与加强信息化建设

阳光司法机制要求庭审公开、审判流程公开、裁判文书公开、执行信息公开。在信息网络蓬勃发展的时代，“阳光司法”与互联网的公开平台是紧密联系的，近来微信、微博等也逐渐成为司法公开的重要途径。加强“阳光司法”与信息化建设的联系，也为群众带来了便利，将司法诉讼的烦琐程序分解为网络信息平台的一项

① 《最高院全面深化司法改革意见》第四十八—五十三条。

项温馨提示，减少了公民为准备诉讼材料来回跑的麻烦，更保障了公民的信息知情权，使法院运行曝光在社会公众之下，加强了社会公众的监督。对“阳光司法”的实践还表现在建立指数评估体系，完善其评判标准，将其司法的公开性、独立性量化，是对司法程序的重要创新。

二、异地审判的制度创新：宁波样本

（一）宁波异地交叉管辖制度实施背景及其必然性

宁波交叉管辖制度是异地管辖制度的创新。司法长期受行政机关影响，在短期内无法做到完全的司法独立，设置巡回法庭和设立跨行政区域的行政法院在短期内需要深入探索。最高院设立的巡回法庭的职责是审理跨行政区划的重大疑难民商事、行政案件，其“重大疑难”的认定标准是具有弹性的，实务中对于本应该符合“重大疑难”标准应由巡回法庭处理的案件却由下级法院管辖，而且巡回法庭的审理不比最高院自己审理的更加专业、更公正、更独立，这显然失去了巡回法庭的作用①。对于设立独立的行政法院在目前的政治体制下是不可行的，其设立不仅动用到修宪、成本高，而且不能完全解决司法独立问题，其实施难度极大。因此，在异地审判制度建立初期，需要创新制度，在不触碰到根本体制的情况下协调各方面利益选用提级审判和交叉管辖审判比较恰当。宁波市开创了异地交叉管辖制度的实践，有效改进了之前众多异地管辖的做法。它是与宁波的经济发展、法制建设状况相适应的制度选择。宁波作为浙江省的第二大城市，也是国务院批准的由其直接管辖的较大的市，其立法上具有引领和先锋作用，宁波是改革开放最早的沿海经济发达城市，公民的维权意识较强，对公平正义更加渴望和需求，同时，宁波本身的法治发展环境较好，民主意识很强。

---

① 姜明安：《论新行政诉讼法的若干制度创新》，《行政法研究》，2015 年第 4 期。

这些都为异地交叉管辖制度诞生提供了沃土。

(二)宁波异地交叉管辖制度实践的概况与成效

宁波市北仑区一市民张某以城管局没有及时答复违建举报为由,向法院提起行政诉讼,与往常不同的是,张某没有向被告所在地北仑区人民法院起诉而是向江北区人民法院起诉。这是宁波市首例适用交叉管辖的“民告官”案件。该案实施了宁波市中院出台的《关于宁波市两级法院行政诉讼案件管辖的规定》,并对异地交叉管辖做了全面宣传。宁波交叉管辖制度限于区县级的基层单位,异地管辖的选择权交由当事人自己选择,法院可设置原来的法院和跨区域法院供当事人选择,在设置异地管辖法院时刻意避免产生结对的情况,即不存在 A 地案件由 B 地法院管辖,而 B 地案件由 A 地法院管辖的情况,从制度上有效提升当事人对管辖法院的信任。此外,宁波中院还将不定期对异地管辖法院的对应关系进行调整,避免相关地区行政机关或法院之间产生“默契”。

异地交叉管辖制度实施以来,成效十分明显:跨区域的交叉管辖案件逐渐增加,运行机制逐渐完善,从固定的交叉管辖逐渐更换到及时变更的交叉管辖,是交叉异地管辖的进步和创新。这有效改变了当下行政诉讼胜诉率低,立案难,行政诉讼受政府干预的困局,同时有利于解决司法资源配置问题,减轻上级法院的压力,减少信访发生率。

(三)宁波异地交叉管辖制度的未来展望

目前,宁波市交叉管辖仅仅适用于较低级别即区、县级基层法院,对于较高级别的市级法院也应当赋予当事人管辖选择权,由于市政府的级别较高,其当事人的选择应是有限选择,即将地市级纳入异地交叉管辖范围内,凡是由地市级做被告的,应当提级到高院来,由高院指定异地的中级人民法院,当事人在其指定的法院和本地法院做选择和权衡。另外,对于区县级的交叉管辖应当更加注重当事人的选择权,扩大选择性范围。因为在指定法院的范围下,不利于当事人选择他们认为合适的法院,从而造成对司法公信力受到质疑,不利于实现公平正义。而另一方面,对地市级的交叉管辖因级别较高,其案件的影响力较大,须更加注意考虑各种回避、审判资源配置问题。

三、金华领导干部干预司法案

(一)领导干部不得干预司法的有关规定

十八届四中全会指出,要各级党政机关和领导干部支持法院、检察院独立公正行使职权;要建立防止干预司法活动的工作机制,建立领导干部插手干预司法案件处理的记录、通报和责任追究制度并完善相应的惩戒制度。同时要完善妨碍、藐视司法权威的法律规定,健全司法人员履行法定职责保护机制,非因法定事由,非经法定程序,不得将法官、检察官调离、辞退或者做出免职、降级等处分。

另外,《最高院深化司法改革意见》中强调“务必做到案件全程留痕、及时记录,对领导干部干预司法的一系列证据如领导干部干预司法活动、插手具体案件的批示、函文、记录等信息,应当依法存储入卷,供当事人及代理人询查”。① 中共中央办公厅、国务院办公厅为细化全会思想印发了《领导干部干预司法活动、插手具体案件处理的记录、通报和责任追究规定》明确指出领导干部只有建议和了解案件的权利,禁止代替法官裁判做出具体决定,领导干部须遵循法定程序和原则,保障司法公正独立。同时禁止与领导干部关系密切的人员干预司法审判,禁止领导干部以公文形式干预司法。另外,对领导干部及关系密切人员干预司法活动、插手具体案件处理的情况须记录档案。最后要建立和完善通报上报制度,必要时向社会予以公告。法院内部人员应配合中央有关部门推动建立领导干部司法的记录、通报和责任追究制度。对于案件应详细、明确记录,对于领导干部干预司法活动的信息应当专业化、明晰化后写

---

① 《最高院全面深化改革意见》第五十五条。

入正卷供相关人员查询。

(二)金华领导干部干预司法案及其启示

今年,金华婺城法院受理了一起股权转让纠纷一案,被告为某科级领导干部的妻子,为在该案中获得胜诉,该领导干部多次找承办法官胡某某说情,并威胁咒骂。该案件承办法官不堪其言语谩骂、威胁家人的刺激,将该领导干部抱摔在地。随后,该领导干部以法官打人报警。金华中院认为,该领导干部行为已经构成领导干部干预司法活动、插手具体案件,其根据《领导干部干预司法规定》首次向省高院、市委政法委报告这起领导干部干预、插手司法案件的典型事例,并向婺城区委、区政法委进行了通报。

该案出来后引起众多舆论,其舆论焦点在于该案领导行为是否属于中央文件说明的领导干预插手司法案件的行为,还是仅仅属于普通民事侵权。一般民众对于法官起码有敬畏之心,不敢做出过激举动,而该案领导干部利用其科级干部的领导身份请托说情、威逼利诱行为已经构成对司法人员人身心理上的施压,对于法官的独立审判、独立思考造成了极大的影响,因此该领导干部明显利用其职位的特殊性对司法审判插手干预。

该案给予我们的启示是立法对于领导干预司法的行为应当予以进一步明确,只要他本人或者其利害关系人为谋求私利,利用其职位的便利,并对司法独立性产生影响的都属于领导干部干预司法行为。国务院印发的《领导干部干预司法规定》罗列了相关情形可以予以参考:(一)要求办案人员或办案单位负责人私下会见案件当事人或其辩护人、诉讼代理人、近亲属以及其他与案件有利害关系的人的;(二)授意、纵容身边工作人员或者亲属为案件当事人请托说情的;(三)为了地方利益或者部门利益,以听取汇报、开协调会、发文件等形式,超越职权对案件处理提出倾向性意见或者具体要求的。

同时,也启示我们要建立健全案件记录入档制度。对领导干部干预司法活动、插手具体案件处理的情况,司法人员应当全面、如实记录，做到全程留痕，有据可查。以组织名义向司法机关发文发函对案件处理提出要求的，或者领导干部身边工作人员、亲属干预司法活动、插手具体案件处理的，司法人员均应当如实记录并留存相关材料。[①] 领导干部的干预行为有时具有隐蔽性，有时候只是领导干部的口头表达，其内容可能是含糊不清的，或者只是一个眼神予以暗示，难以准确记录，对于这些不便记录的，应当通过其他客观证据予以推定，比如请客送礼的账单、证人说辞、利害关系的认定等。

四、"阳光司法"考核的实践

（一）建立"阳光司法"指数评估体系的意义

司法公开是实现司法公正的一项重要原则，将司法审判权曝光于全民监督之下才能实现"阳光司法"的目标。对于阳光司法工程最重要的一项实践即建立司法公开考核评价机制，制定相关的评判标准，作为评价法院整体工作的一项重要指标。其评价机制应当量化成相应的评估指标，作为衡量司法公开程度的证明，这项工程即指数评估体系应在全国范围内进行推广。这项指数的建立对于方便公民行使诉权、保障公民知情权和司法参与权、提升司法审判水平、维护司法权威和公信力、防止司法腐败、最终实现司法正义具有重要作用。

（二）"阳光司法"指数评估体系实施方法

根据党的十八大关于"完善司法公开制度""加强司法公信建设"的要求，为健全司法公开长效机制，浙江高院在深入调研论证的基础上，于 2012 年年底制定了《浙江法院阳光司法指数评估体系》，明确了具体阳光司法指数。按照《浙江法院阳光司法指数评估体系》要求，阳光司法指数评估体系由内部评估与外部评估组

① 《领导干部干预司法活动、插手具体案件处理的记录、通报和责任追究规定》第五条。

成，二者按照不同比例相加最后得出综合指数。

内部评估主要由法院内部人员组成，可以由法院成立阳光司法工作领导小组或者设立小组办公室，其人员主要由党组书记、副书记，院长、副院长组成，由其统筹协调评估的实行。其评估人员主要由审判人员组成，每个庭的审判人员可以实行交叉评估，比如民一庭评估刑一庭，刑一庭评估民二庭，以这种“推磨”形式，实现公平客观评估，对于交叉评估的评估主体要不断进行更换，由庭长做出最后统计上报审判委员会，由其做出最后整理统计再将数据汇总报告给阳光司法领导小组。

外部评估主要采取《问卷调查形式》，向诉讼参与人和社会公众进行调查评估。问卷调查也可采用电话回访、邮件的形式向诉讼参与人咨询，对社会公众也可通过网络调查、微博、微信等形式开展评估，对社会公众中的人大代表、政协委员、专家学者应着重展开调查，对其评估意见应当加大比例权重。最后由阳光司法工作领导小组整合数据得出结论。

评估周期应是每年一次，在年底前完成上报省高院，高院应在次年第一季度内对外发布其评估结果。

（三）“阳光司法”指数评估体系内容

“阳光司法”指数评估体系内容根据《浙江法院阳光司法指数评估体系》主要可以分为七部分，包括立案公开、庭审公开、执行公开、听证公开、文书公开、审务公开、工作机制公开。

1. 立案公开

立案公开是解决立案难问题的关键，在立案登记制度的实行下着重要求依法给予当事人案件材料收据作为立案登记凭证，这一程序的规范性应当予以评估，并且对立案接待人员的服务态度，立案程序的便捷度、信访窗口设施的完备性予以评估。另外，还要对案件信息录用效率、准确性和完整性予以评估。

2. 庭审公开

庭审公开是司法透明的最重要的环节。如今特别是基层法院以法院经费不足，没有场地等托词拒绝公民旁听，拒绝开展任何与公众互动的平台。即使是允许旁听，也会对公民的身份进行严格的审查，对旁听的条件做严格的限制，底层公民根本无法迈进法院大门，法律规定除了涉及隐私、国家秘密案件和部分商业秘密案件外，其他案件应当一律公开。庭审公开应当从旁听的公开性，质证的公开性，对于一些涉及社会公众利益的重大案件，是否允许新闻媒体参与报道，网络直播适用程度予以评估。其他与庭审相关信息包括开庭公告、案件审理进度查询、陪审制度、送达公告、裁判文书等，都是作为庭审公开的衡量标准。

3. 执行公开

庭审公开是解决"执行难"问题的关键。应当从执行信息系统、执行信用体系的完善程度、拍卖公开度、执行措施的透明度、涉及司法财务处置的公开度、执行裁决听证率等予以评估，执行公开是保障当事人权益得到实现，避免法院的诉讼结果成为一张空头支票，维护司法权威，提高公信力的重要途径。

4. 听证公开

听证公开是对于法院重大事项的决策予以听证，充分保障非审理程序当事人的程序权利。

5. 文书公开

文书公开即要求实践中判决结果的公开，我们发现对于部分法院和检察院司法系统仍然不完备不透明，许多基层的法院和检察院仍然没有相应的官方网站和法律文书公开系统。因此需要裁判文书内容公开率、网络公开率、网络分类情况、当事人查询便利情况、公民投诉举报途径设置情况予以评定。

6. 审务公开

审务公开即保障对公民参与监督法院审判运行过程。主要对从法院网站的建设、法院工作信息的公开程度（如法院的法院工作部门、审判员介绍、荣誉、审判委员会组成人员等）、诉讼指南信息（诉讼常识、诉讼风险提示、法律文书样本、立案信息、诉讼费用标准、诉讼流程、司法鉴定等的解释说明情况，在线办案系统（包括网上立案、案件查询、材料收转、文书送达、联系法官等，公民只需网上注册，网上申请立案、上传相关证据、通过网上审核后缴纳诉讼费用，办理正式立案手续，网上查询案件进度，网上咨询活动，更重要的是，不用因为寄送或获取材料而来回跑，只需通过在线办案平台就可轻松获取，减轻诉累）利用情况、公众开放日开展情况、监督机制的完善程度予以评估。

7. 工作机制公开

工作机制公开包括有关其辅助司法公开的行政工作的公开度。包括阳光司法工作领导小组成立情况、这项工作的实施开展情况公开、责任追究率等予以评估。

建议今后将财务公开也纳入其范围内，以利于抑制贪污腐败，使得司法权不受污染。当下，司法财务还处于隐蔽状态，每年对于法官薪酬和法院运行经费一般不予公开，法院向人大提交的政府工作报告也不涉及年度预算、财务以及司法收费，即仅仅报告事情，而不报告财务。司法机关之所以未能公开财务信息，与当下的财政运行机制有关。目前我国还是司法与行政合一的财政体制，司法机关经费统一由政府财政部门申报、划拨。对于司法人财物的设置安排应当公开，这是防止腐败，建设“阳光工程”的最重要的途径。

第四节　依法独立的检察监督机制创新

一、依法独立行使检察权的要求

完善保障依法独立公正行使检察权是司法改革的重要环节，也是保证实现习总书记提出的司法公平正义的必然要求。基于对浙江省的考察和研究，今后主要围绕对检察院的人财物管理机制改革、司法行政管理权明晰化、防范外部干预司法和管辖、回避几个方面做出调整和细化。

(一)推动地方检察院人、财、物的统一管理

对于检察官的任免应当遵循法律规定。法律规定初任检察官的上任须通过国家司法考试,但是尚未对检察官的领导职位的任职做出明确要求,许多检察长等领导从行政单位中选调而来,缺乏法学专业素质和能力,让法学门外汉作为检察监督的领导实为法治建设中的尴尬局面。因此要确保省级以下的所有检察官都具备专业能力,并通过统一提名和法定程序产生,而且人员编制应当由检察院统一管理,否则若让行政职位人员随意加入检查监督的行列,可能造成行政干预司法,各行政单位和检察院通过选调、挂职锻炼等随意调配人员,在检查监督部门安排"内线人员",破坏司法公正性。检察院财物必须实行统一管理,基层检察院的财务经费大多是由同级政府划拨,由同级党委管理,而这种与行政区划相一致的分级管理并不能有效保障检察权独立。地方检察院上下级为领导关系,只有将财务垂直统一受一个最高机构管理即省级政府财政部门才能预防地方保护主义的横行霸道,才能保证检察权不受地方政府所控。

(二)注重司法行政管理权明晰化

由于检察院司法行政权运用不当,在实务中出现了许多"泛行政化"现象。主要表现在地方政府要求地方检察院选派检察人员进行下乡扶贫、招商引资等与监督检查本职无关的工作。这样,扩大了检察人员的职责范围,加重其负担,最终导致捡了芝麻丢了西瓜,造成检察人员忙于行政事务耽误检察监督的工作。更加严重的是,部分地方政府甚至将检察工作纳入其职责范围,严重干预了检察权的独立行使。因此要首先明确司法行政事务管理权与行政机关的行政管理权的界限,其重要的衡量标准是其从事的行政事项是否服务于检察监督工作,从成效上说就是该事项是否给检察活动带来了便利和帮助。其次保证司法行政管理权要与检察权分离,司法行政管理权对检察院的工作产生的是辅助作用,检察监督仍然是检察院的主要职权,二者的清晰划分有助于检察院对于检

察官和行政人员的职权分配，减轻检察官的负担，保证检察监督工作专业化、针对性，检察权能够更加独立行使，实现公平正义。

（三）防范外部力量干预司法

“外部”主要是指行政领导干部和社会舆论两大来源，前者主要是与上文提到防范行政领导干部干预审判相一致，不但要提高检察官的铁面无私的修养，对其进行定期培训和思想教育，还要给予检察官人身和财务保障，使之不受行政领导干部的威吓。最高检《深化检察改革意见》中明确要求健全检察人员履行法定职责保护机制即为对检察官独立行使检察权的法定保障。[①] 此外，重视社会公众期待与依法独立实行检察权有效结合。面对社会舆论特别是新闻媒体的各种报道，必须理性、有选择性地听取社会公众想要表达的诉求和意见，坚持依法行使检察权，客观地依据法律规定独立做出判断。防范一些不实报道左右检察官的理性判断，禁止网络媒体对检察官人身攻击施压，从而影响检察权的独立行使。

（四）实行跨行政区域管辖和检察官回避制度

前者与审判管辖相一致，设立跨行政区域检察院管理特殊类行政案件，如较大级别的行政机关、较大数额和具有重大社会影响力的行政案件都可以由跨行政区域检察院管辖。对于级别、数额、具有重大影响力的案件应当由最高检出台相关规定做进一步细化，在目前去行政化的初级阶段，很难得到准确、具体的数值来判断哪些案件应当跨行政区域检察院管辖，需要通过更多的实践来确定。另外，由于刑事案件的特殊性，证据的取证多来源于被害人所在地、案件事发地，“交叉管辖”在侦查、审查起诉、审判的衔接上不同于一般民事案件管辖，因此检察院对“交叉管辖”的实行有待

---

① 《最高检察院关于深化检察改革意见》第四条规定了“建立健全检察人员履行法定职责的保护机制”，即“非因法定事由，非经法定程序，不得将检察官调离、辞退或者做出免职、降级等处分。完善检察人员申诉控告制度，健全检察人员合法权益因履行职务受到侵害的保障救济机制和不实举报澄清机制。建立检察官惩戒委员会制度”。

斟酌。

检察官的回避问题是实现司法公正的重要因素。检察官的任职、调任应当遵从回避原则，与检察官有直系血缘关系、配偶血亲关系的都不得为其下属，即这一类人不得为上下级隶属关系；检察官还应当遵从地域回避，即对于其亲属在地方政府任职重要领导岗位或为律师的应当予以回避。

二、追诉犯罪与保障人权

追诉犯罪与保障人权是对立统一的关系。追诉犯罪是检察院的最基本、最传统的权能；保障人权是现代司法中的最为重要的核心目标，二者常常被人认为是不可并存的，往往在行使公权力的过程中很容易触犯到各自的底线，因此二者需要协调把握。

（一）检察院设置联络点引导侦查：北仑的探索

追诉犯罪是检察院的基本职能之一，也是传统刑法一直关注的焦点，如何尽快尽早“破案”成为公安检察机关的首要任务，在法制逐渐完备的今天越来越多的破案手段被应用。为实现侦查与审查起诉的统一，加强检察院对诉前侦查取证工作的监督和指导，宁波市北仑区设立派驻公安机关检察工作联络点推进检察引导侦查，着重加强前置工作。形成检警“大控方”着眼，“服务—引导—监督”为核心的协调、配合和监督机制。检察院对于证据的非法性排除仅仅局限于证据的审查起诉阶段，不参与之前侦查中的证据核查，因此不能及时纠正侦查中的非法取证行为，也不能及时给予指导和监督，使得侦查机关的侦查与监督自成一体，失去了其监督的意义；侦查工作不尽人意，对后面的审查起诉、全面客观地认定证据造成了阻碍。

从司法实践的效果来看，截至目前，宁波北仑区派驻检察官已参与侦查机关讨论案件 42 件，口头提出补证意见 40 多条，均被侦查机关采纳。参与调取侦查监督信息 20 余次，提前介入涉黑、故意杀人等重大刑事案件 5 件，有效提升了公安机关的刑事案件办案质量。这一项目确实有助于协调侦查与检查之间的关系，减少摩擦和冲突，有利于合理配置公安与检察院的职权，提高追诉犯罪的效率和保证＝案件的质量。另外，这一项目也落实了非法证据排除规则，将非法取证遏制在侦查活动中，使得侦查活动中的严刑逼供因受到检察机关的监督而杜绝，使得冤假错案率大大减少，从而保障了犯罪嫌疑人的人权。

（二）"行贿人黑名单"制度

"行贿人黑名单"制度是北仑区人民法院的特色和创新。检察院通过收集所有贿赂案件，注明行贿人基本情况形成"行贿人资料库"，再将情节恶劣的列入黑名单。该黑名单供单位查阅，有不良记录人或单位的会被取消相应资格。这种追诉犯罪的方式从源头上阻断了贿赂的发生，其成效也是极具有影响力的。"行贿人黑名单"转变为"行贿犯罪档案查询"，将非罪行贿行为信息录入档案并与行贿犯罪档案（即"行贿人黑名单"）相分离。这对于社会信用体系建设具有促进意义，对于行为污点的记录有效制约行为人行贿行为，对法治社会的建设具有重要意义。同时，有效遏制了对于使用强硬手段造成的严刑逼供等问题，真正将人的良心约束与法律规制紧密结合，缓和公权力与私权利的冲突。

三、落实法律对公权力的监督

检察院的主要职责除了检查控诉外，还要履行监督职能，表现在法律对公权力的控制上，主要通过对行政强制执行监督、对批捕侦查的监督、对审判权的监督来加强对公权力的控制。

（一）对行政强制执行的监督

行政强制执行是现代最新的行政行为，但是行政强制执行行为具有很大的自由裁量权，行政机关容易滥用权力，导致因拆迁、征地、安置等社会问题层出不穷，引起了上访、投诉、自焚等过激行为。《行政强制法》虽对行政强制行为的合法性审查做出了相应规定，但是在目前立法尚不完备的背景下，迫切需要通过监督规范行政强制执行行为，稳定社会秩序。行政权有法院通过审判合法性进行监督，也有复议机关复议监督，但应对行政强制执行当下仅靠这两种方式均具有滞后性，所有结果和损害已成定局，并不能及时有效地降低行政强制执行造成的伤害，因此需要检察院对其加以监督，在执行过程中进行指导和建议，才能有效保障在前期中防止公权力的滥用。

检察建议书是人民检察院履行监督职能的一种新型方式，对于行政强制执行中的不法行为可以以检察建议书的形式通知有关部门进行整改。抗诉虽然是监督效果比较好的方式，但是操作难度远远高于检察建议，其程序的复杂性和审理周期的漫长性，使得抗诉缺乏必要的灵活性。另外，可以采用纠正违法的方式，向行政机关发出违法通知书对其违法行为限期改正，该通知书中检察院履行监督侦查职责的依据，应当具有法律约束力，若行政机关漠视违法行为，则可凭据追究其相关责任人责任。更加具有强制约束力的方式是检察院派员到现场监督，这种方式是最为直接，能够最早遏制违法行为的发生，并对行政机关具有引导作用，但是这种方式力度大、成本高，若每次执行都要派检察官到场监督存在实施难度，因此只有在重大社会影响，侵犯众多人民群众利益的案子中才用此方法。

2015 年 7 月，浙江省奉化市检察院与该市强制医疗所签订了强制医疗执行监督协作配合协议。据协议，该院每月巡视检查不少于 2 次，重点监督强制医疗所收治、实施治疗等是否符合规定；强制医疗所定期评估后及时报该院备案，对已不需要继续强制医疗的，及时报法院进行解除；在发生被强制医疗人员伤残、死亡等事故的情况下，医疗所要第一时间通报检察机关，检察机关及时开展调查工作。

（二）对侦查逮捕的监督

检察院作为独立于行政机关、审判机关的中立机构，其监督职责还体现在对批准逮捕权的控制。目前立法规定检察院享有批准逮捕权,并对是否符合逮捕条件予以审查,检察院对于逮捕的证据是否客观、真实、合法予以监督以及对逮捕前侦查中的违法行为予以纠正,防止侦查机关随意申请逮捕,损害了被逮捕人的利益。新刑诉法的颁布建立了检察院"逮捕询问制度"①,有效保障犯罪嫌疑人的基本人权,制约了侦查行为中的违法不当行为,对于侦查行为中可能出现的刑讯逼供、暴力取证等情况进行了有效的遏制。最高检发布的《关于深化检查改革意见》中明确要求建立录音录像制度,"保障当事人的诉讼权利和诉权救济"②,完善责任追究机制。

前面提到的宁波市检察院"检察引导侦查"的联络机制对侦查行为进行了有效及时的监督,是检察院对侦查权全力把控的成功案例,因此,全面推广设置检察院在公安机关的联络点,加强对其工作指导和监督是如今检察院改革中的重要任务。

(三)对不服法院生效判决申诉案的公开听证:嘉兴样本

更为普遍的检察院对公权力的监控体现在,检察院对审判机关的监督,即对"冤假错案"的再审启动,以及对审判人员违法行为的提出检察建议。抗诉是检察院最为基本且行使具有普遍性的职权,检察院纠错性质的再审抗诉包括民事抗诉和刑事抗诉,在符合一定条件下通过抗诉的形式启动再审以保障公众利益,防止造成

---

① 修改后的刑事诉讼法第八十六条规定第一款规定:"人民检察院审查批准逮捕,可以讯问犯罪嫌疑人;有下列情形之一的,应当讯问犯罪嫌疑人:(一)对是否符合逮捕条件有疑问的;(二)犯罪嫌疑人要求向检察人员当面陈述的;(三)侦查活动可能有重大违法行为的。"第二百六十九条规定:"对未成年犯罪嫌疑人、被告人应当严格限制适用逮捕措施。人民检察院审查批准逮捕和人民法院决定逮捕,应当讯问未成年犯罪嫌疑人、被告人。"

② 《关于深化检察改革的意见》第二十四条:"强化诉讼过程中当事人和其他诉讼参与人的知情权、陈述权、辩护辩论权、申请权、申诉权的制度保障。""建立对犯罪嫌疑人、被告人、罪犯的辩解、申诉、控告认真审查、及时处理机制,完善诉权救济机制,为诉讼权利受到不当限制或者非法侵犯的当事人提供畅通的救济渠道。"

重大损失。对于审判人员存在贪污受贿、滥用权力的违法行为构成犯罪的，应当提起刑事抗诉，对一般的审判中存在的违法行为应当提出检察建议，督促纠正。

2015 年 4 月，浙江省嘉兴一刑事申诉人朱某不服法院生效判决[①]，向嘉兴市检察院提起申诉。嘉兴市检察院立案后，举行公开听证会，当场听取案件申诉人、原案被告人及其委托代理人、原案承办人、原复查案件承办人及人民监督员的意见。根据朱某的自主选择，听证会邀请了嘉兴市检察机关 4 名人民监督员和 1 名朱某自己推荐的人作为听证员。为充分保障当事人合法权益，该院与市司法局联系，由法律援助中心指派一名律师作为朱某的代理人一同参加听证会。

听证会上，申诉人、原案被告人及其委托代理人、原案承办人、原复查案件承办人等依次做了陈述。询问阶段，各方围绕刘某的行为能否认定为“交通肇事后逃逸”的法定加重情节等焦点问题展开充分听证、示证和论证。申诉人朱某认为，刘某的行为应当认定为交通肇事后逃逸，在三年以上七年以下量刑。原案承办人就为什么没有认定为逃逸、结合其他情节如何量刑等进行了具体的释法说理，原复查案件承办人则就复查经过和复查结论进行说明。原案被告人刘某的丈夫颜某也表示将继续尽力赔偿。5 名听证员全程听取各方观点，并就主要议题进行了发问。随后，5 名听证员单独进行了评议，根据听证的事实、根据，发表对案件的处理意见并进行表决，形成听证评议意见。最后，由听证员代表、嘉兴学院商学院副教授朱海伦宣布评议意见：原审法院刑事判决认定的事实正确，原复查检察院不予抗诉的决定正确。通过公开听证，申诉

---

① 3 年前，朱某的妻子在一起车祸中受伤，经抢救无效死亡。去年 5 月，法院以交通肇事罪判处这起车祸的肇事者刘某有期徒刑一年零六个月，另判决刘某赔偿 40 万余元。朱某不服法院生效判决，以刘某交通肇事后逃逸，法院量刑过轻为由，向检察机关提出刑事申诉，原复查检察院复查后决定不予抗诉。朱某不服复查决定，向嘉兴市检察院提出申诉。

人对原检察院不予抗诉的意见表示接受。[①]

四、检察院提起公益诉讼案：北仑的探索

（一）检察院提起公益诉讼案概况

宁波市北仑区检察院因拆迁户拒不拆迁，造成宁波地铁1号线二期工程耽误，以拆迁户拒拆侵犯社会公众利益为由向北仑区法院提起了浙江省第一起检察院公益诉讼。探索和建立检察机关提起的公益诉讼制度是深化检察改革的明确要求，最高检为具体化该事项要求，发布《检察机关提起公益诉讼试点方案》，明确了试点的案件范围即有关环境污染、食品药品安全侵害众多社会公众利益的案件。本案中因拆迁户拒绝拆迁耽误地铁工期确侵犯了市民享受便利交通的合法权益，与环境污染和食品药品安全所侵害的社会公共利益程度相一致，若在行政机关劝说、教育仍然不予理睬的情况下，可以请求检察机关提起公益诉讼。

（二）检察院提起公益诉讼案的示范效应

这一做法有效缓解了行政机关与公民之间的矛盾，以往行政机关在此情况下多采用“暴力拆迁”等强制手段，很大程度上侵犯了公民的权利且引发了各种悲剧惨案。检察院提起公益诉讼，通过诉讼公正审判方式审核行政行为的合法性且避免了暴力执法带来的负面影响，能够发挥检察院的中立监督作用，一方面对行政机关的违法行为加以制约，另一方面对公众利益的保护更加公开化、透明化，提升了公民对于司法的信任度。

目前，行政机关要求法院执行存在较大阻碍，由于申请法院强制执行要经过一系列的程序，实现执行成效的期限较长，不便于及时有效维护社会公众的利益，因此行政机关为了避免烦琐的正当程序而选择越权执法，导致了众多违法现象，反而造成对社会公众

---

① 范跃红：《浙江嘉兴市检察院对不服法院生效判决案进行公开听证》，《检察日报》，2015年4月8日。

利益进一步的侵害。通过检察机关这个中介，能够有效、便捷地与法院实现对接，以诉讼方式直接对行政行为和公民行为性质做出判断认定，在早期就遏制对公众利益的侵害，能够最大程度监督违法行为，实现检察机关公正独立行使其检察监督权，对公众利益的保护。

五、检察监督机制创新的制度空间

司法改革中检察院的改革是未来深化改革的重要任务。目前在深化改革中要着重强调完善独立公正行使检察权的机制、健全检察院监督职能、提高职务犯罪追诉能力、注重检察权与其他机关统一协调合作几个方面。提升检察院作为监督机构的权威地位和全方面发挥其作用，配合审判机关保障司法独立公正运行，增强司法公信力。

（一）完善独立公正行使检察权机制

检察权的独立行使需内外协调一致，共同保障其运行独立。深化改革意见中专门强调了外部因素对检察权的干预，包括地方政府的地方保护主义、领导干部的干预等，在目前大框架的体制不能触动之下，需要不断优化检察院的内部改革。目前检察权运行过于行政化，需要通过层层审批，向领导报备，检察官不能独立做出决定，大大影响了办案的效率和其公正性，而且造成了检察官过于依赖领导的惰性，使得办案能力和水平大大下降，案件质量大打折扣。因此必须将具体检察权的行使落实给具体的检察官手中，而不是由领导负责，应当给予检察官以充分的职权，允许他们独立做出判断，建议完善“主任检察官办案责任制”。[①] 主任检察官制度根据案件的风险大小划定了主任检察官的权限并在其权限范围内独立承担责任。这可以在一定程度上弱化办案方式的行政化，提

① 潘祖全:《主任检察官制度值得进一步探索》,《检察日报》,2013 年 6 月 28 日第 3 版。

高办案效率、提升检察官的办案水平从而提高案件的质量。在以后的深化改革中，应当赋予主任检察官更多的职权，比如批捕权、侦查监督权等，便于主任检察官全面把控侦查控诉，真正发挥主任检察官职责，保障其独立检察权。

另外，该检察权的行使不能滥用，需要受到内部和外部的监督。其内部监督的制约来自于案件质量评查体系的建立、案件管理系统的健全以及裁判文书说理性增强；而且要特别注重对于检察内部行政管理权与检察官司法权的界限。其外部监督的制约主要来自于人民监督员制度的完善以及其他机关特别是法院的制约。人民监督员制度的效力缺乏法律依据，很多监督人员是由检察院自己选任，其监督的公正性大打折扣，因此要完善人民监督员制度首先要将该制度纳入法律立法中，赋予人民监督员意见的法律约束力，建立相应惩戒机制。对于人民监督员的选任可采用当场随机抽选的形式产生，保证其人员的中立性，即"组建人民监督员资源库，在监督特定事项时当场遴选"①。其他机关的监督特别是法院的监督，要对其公诉内容的认定、量刑的建议做出认定和评价，保障其公诉工作的专业、公正。

（二）健全检察院的监督职能

近来社会上因拆迁、土地征收等事项不满的群体性事件较多，不稳定因素渐多，自焚上访率增高，社会秩序遭受挑战，因此落实民事诉讼的执行、行政强制的执行监督是解决此类事件的重要途径。一方面在公民与政府之间加入检察院这个"和事佬"作为缓冲，可以有效化解对立矛盾，制约和震慑行政机关在执法之中的违法行为，增强检察院对其指导和监督，为行政机关执法提供更多理想方案，提高行政机关的执法水平；另一方面，有效保障公民合法权益，又能控制公民过激行为，防止其突破最低限度做出妨碍治

① 陈卫东、程永峰：《新一轮检察改革中的重点问题》，《国家检察官学院学报》，第22卷第1期。

安，破坏社会稳定的行为。这也能最大程度范围内发挥检察院的监督职能，不让检察院的监督地位只是空中楼阁，失去其本该发挥的功效。另外，检察院提起公益诉讼制度也是以后深化新趋势，不断扩大公益诉讼的试行点，调整公益诉讼的范围，优化公益诉讼的程序。

第五节　社会矛盾的联合调处机制建设

一、“诉调对接”工作机制创新：镇海样本

（一）镇海样本的运行模式

镇海区推行“诉调对接”工作机制，在法院设立民事纠纷调解工作室，并在区法院设立了矛盾纠纷调解窗口，将人民调解这种诉讼外的调解模式合理引入，实现了法院诉讼与人民调解的对接。主张把纠纷化解在基层、消除在法庭外。镇海区法院简化了委托调解步骤，只要出具书面委托函，就可以委托基层人民调解组织和民事纠纷调解工作室进行调解。同时为增强信息沟通，建立诉调衔接工作站，定期召开碰头会，构建较为完整的“诉调对接”工作网络。这种机制成效明显，有利于控制矛盾萌芽，运用人民调解的手段，有效减轻法院压力，尊重当事人的意思，有利于社会稳定和和谐，并且大大降低了解决纠纷的时间和费用。

（二）问题观察与展望

但是这种诉前联调机制，由于诉前联调是通过相互磋商妥协而确认权利义务的一种方式，并没有经过诉讼中的证据认定，没有运用诉讼中有关证明标准，其案件的事实和权利义务分配关系证明度是很低的，如果双方当事人恶意串通，虚假诉讼，在调解之下达成合意，就可能损害案外第三人的利益，这不是诉前联调所追求的结果。另外，人民调解队伍建设落后，法律专业素质能力落后，大多数是由社区主任兼任，而且多是采用情感疏导的方式，对于疑

难专业程度高的案件并不适用。而且实行诉调对接,对于设备、场地、人员聘请培训都需要一定经费,因此诉调对接不是在所有城市都可实行。

因此对于诉前调解的案件并不是非要经过调解才进入诉讼的,除了法律规定必须经过诉前调解的几种案件,其他的需要调解的必须经过当事人一致同意,并且调解的案件事实比较清晰,案情比较简单的案件予以调解先行。若案件复杂,证据材料繁多,或者证据的认定可能涉及第三方利益的案件,当事人争议大的案件还是应当以诉讼裁判为准。另外,要更新人民调解队伍成员,建议由退休的法官、律师、学者等专业人士担任,而且要定期开展培训、旁听庭审,提高其专业素质,保障人民调解队伍的先进性。对于适合诉前调解的区域,应当增加诉前联调的经费,加大宣传,增加社会认同感。

二、“诉前联调”工作机制创新:枫桥经验

(一)“枫桥经验”的概况

浙江省诸暨市枫桥镇干部群众创造了“发动和依靠群众,坚持矛盾不上交,就地解决”的“枫桥经验”。另外,在此基础上,枫桥镇进行创新和发展总结出“四前”工作法,即“组织建设走在工作前,预测工作走在预防前,预防工作走在调解前,调解工作走在激化前”,创立完善了“四先四早”工作机制。即“预警在先,苗头问题早消化;教育在先,重点对象早转化;控制在先,敏感时期早防范;调解在先,矛盾纠纷早处理”。另外,在帮助化解群众民生矛盾中总结出了运用基层组织,各行政部门通力合作实行联调的方式即“镇村联动、分级调处群众矛盾,部门协动、联合调处民生矛盾,党政齐动、统筹调处发展矛盾”,使矛盾在基层、在当地、在萌芽状态得到

解决。①

“枫桥经验”下调解机制迅猛发展，特别是对矛盾预防控制在萌芽状态的理念是今后许多诉前联调机制的核心和目标。“枫桥经验”最大的优势是运用基层部门，行政调处手段进行联调。政府部门对涉及群众日常生活、关系群众切身利益的一些重大事件，寻找矛盾源头，安抚群众情绪，提前调查走访，结合多方专业性意见，做好群众思想工作，解答群众疑惑，尽量保障群众的利益，这种机制快捷、便利、廉价。行政调解弥补了诉讼制度的不足，有利于转换政府职能，塑造了服务型政府形象，而且加强政府与人民的沟通，有利于政府深入群众，对基层群众治理工作提供相应的帮助。

（二）问题观察与展望

但是这种行政调解缺乏程序和法律的保障，在行政调解过程中容易滥用行政权力，造成对公民的权益侵害，可能为达成一定比例的调解率而强制当事人签署调解协议，这种对调解机制的滥用，使处理结果并不顺应民心，不仅没有从实际上解决问题，反而点燃了民众厌恶政府的情绪，增加了社会的不稳定；而且由于行政调解缺乏法律的具体规制，如何时调解，适用调解的情况，调解的时间，具体程序都没有详细的规定，以至于调解工作很难在规范的程序下开展，只可能在乡镇村基层，领导干部与群众熟悉的小区域内，通过走访、晓之以情动之以理的基本方法开展。但是这种人情协议并不能解决重大疑难问题，特别是在一些发达城市的大区域内，当事人与政府机关充满隔阂，并不愿意接受调解，对行政调解充满怀疑，行政机关只能是吃力不讨好，既解决不了问题，更浪费了行政资源。

因此使用行政调解手段进行诉前联调必须强化行政调解的程序保障，明确规定当事人申请行政调解的期间、调解的基本原则、

---

① 许韬：《论“枫桥经验”的创新发展与“法治浙江”建设》，《公安学刊（浙江警察学院学报）》，2009 年第 1 期（总第 111 期），第 42 页。

调解时限、当事人在调解过程中的具体权利与义务、调解协议的内容及调解不成时的处理方式等。另外，要建立政府部门调解记录制度。对于调解的过程、运用的方法、谈话的内容应当予以记录，除了个人隐私、商业秘密和国家秘密外应当向社会公开，有必要符合特定条件的，可以进行录音录像确保行政调解的正当性。

第七章　浙江地方治理与法治社会建设

第一节　法治社会建设概况

一、什么是法治社会?

法治社会,根据我国著名法学家郭道晖的观点,绝不应简单化地理解为只是“以国家的法来管控社会”,“它是作为一个相对独立的实体,与法治国家并存和对应,进而互补、互动、互控的一种社会存在形式,是建设法治国家的社会基础与动力,是社会既自主自治又以社会监控国家。”法治社会是“全部社会生活的民主化、法治化、自治化,包括社会基层群众的民主自治,各社会组织、行业的自律,企事业单位和社区的民主管理,社会意识、社会行为、社会习惯都渗透着民主的法治的精神,形成一种受社会强制力(社会权力)制约、由社会道德规范和社会共同体的组织规范所保障的法治文明。更重要的是,它是既支持又监控与抗衡国家权力的社会力量”。① 可见,法治社会就是一种规范化、制度化的社会生活状态,是社会领域的民主化、法治化和自治化。

二、浙江法治社会建设的成效概要

社会“不是国家机器的附庸”,也“不是国家的对手和敌人”②,相反,规范化、法治化的社会是一种相对独立于国家的力量,可发

---

① 郭道晖:《“权力入笼”必行“权利出笼”》,《党政视野》,2015年第2期。

② 同上。

挥辅助国家、制约国家的作用。这些年，浙江省重视法治社会建设，社会力量在参与地方治理方面取得了较大的成效。

（一）深入推进基层民主化，基层自治能力大为提高

浙江省以基层群众自治组织为依托，在基层经济、政治、文化、社会事业中广泛推进群众直接行使当家做主的民主权利，强化城乡社区自治和服务功能。民主自治的社会对于化解社会矛盾、协调利益关系、维护社会稳定、创新地方治理，发挥了不可替代的重要作用。

近年来，浙江努力夯实村民自治、社区自治的制度基础，不断完善和落实基层民主选举、民主决策、民主管理、民主监督制度，创新协商民主、参与式民主等新形式，依法保障基层群众的知情权、表达权、参与权、监督权，从而畅达了社会治理的“末梢神经”，更加稳固深化法治浙江建设的群众基础。[①] 浙江省的武义县后陈村是全国村务监督委员会的发源地。历届省委认真贯彻落实习近平总书记的重要批示精神，高度重视村务监督委员会建设，于 2009 年在全省实现村务监督委员会“全覆盖”。2010 年，村务监督委员会制度被全国人大纳入新修订的《村民委员会组织法》，成为我国农村基层民主政治的一项重要制度。村务监督委员会的建立，整合了农村监督力量，克服了监督缺位、无序等问题，是深化农村党风廉政建设，实现“民主监督”的有力抓手；完善了村民自治机制，使“民主决策”更加透明，“民主管理”更有民意基础，是推进治理体系和治理能力现代化的有力举措；搭建了干部群众理性对话平台，有利于及时化解干群矛盾，是基层改革发展稳定的有力保障。

社会公共事务民主管理和民主决策的氛围越来越少。相比于传统意义上的“管理”，“治理”不是个自上而下的概念。它意味着以更周到的服务和更科学的方式，与老百姓站在相同的起跑线上，

---

① 浙江省政策研究室：《深化法治浙江建设的五个着力点》，《浙江日报》，2014 年 10 月 10 日。

从同等的高度来看待社会事务，设身处地为群众考量。近年来，伴着群众路线教育实践活动和“三严三实”专题教育的春风，宁波市广泛深入开展“走亲连心”活动，从市级领导到基层干部，越来越多的干部进村蹲点、联村结对，“带着感情经常走，带着问题及时走”，以“群众呼声”为导向，完善群众诉求表达机制，让群众有地方说话，说的话有人听。例如，余姚市推广谢家路村“小板凳”群众工作法，收到了“干部走进户，矛盾不出村”的良好成效；慈溪市的“圆桌夜谈”制度，以拉家常的方式，推动党员干部和群众坐在一起说说心里话、掏心窝子的话，聊出党员干部与人民群众的真感情、向心力；宁海县推行的“群众考干部”，让干部在服务群众中找差距、强本领，有效提升村级服务治理水平；象山县推行村民说事、村务会商、民事村办、村事民评“和村惠民四步法”，各村挑选威望高、有公心的乡贤人士组成“民间评价团”，促进了和谐治村、干群互信。

厘清政府和基层自治组织的权力边界。从 2013 年开始，浙江省从上到下启动政府权力清单，用政府权力的减法换取市场和社会活力的加法。而其中一道引人注目的亮色是，划分行政权力与自治权利的界限，明确将一些本属于村委会和村民自治的事项，比如生活垃圾处理、农业技术推广、古村落保护等，而政府仍越位在管理的事项权力“清理”出村。例如海盐县江渭村，村办公楼前的告示栏里就贴着两份清单：《江渭村群众自治组织协助政府生态治理事项》《村民委员会依法履行环境综合治理职责》，这两份清单明确了村民的自治权利。

（二）改变传统管理方法，依法解决社会问题效果明显

“法治浙江”建设 9 年来，国内外经济形势复杂多变，社会转型利益诉求多元多样，但浙江一直保持“以稳定保发展，以发展促和谐”的良好局面，尤其是“三改一拆”“五水共治”等重点工作推进有序有力有效，既利大局，又惠民生。浙江改革发展稳定的大好形势离不开法治的护航，尤其是浙江各方群策群力，始终致力于探索与实践社会治理体系和治理能力现代化，逐步实现从地方治理到社

会治理的理念、做法和机制的全面“转型升级”，使政府与社会做到互融共进。

以前，浙江省在违章建筑和污水治理中采取传统的管理方法，但效果甚微。例如，温岭市温峤镇的上街村，绵延近200米长的地段，曾是五金制造类企业的聚集地，大大小小105家企业，大多是违法建筑。往日建筑参差不齐，杂乱无章，你搭我建，没有规划，非常难看，还存在严重的安全隐患。同时，存在很多的“低、小、散”企业，管理不规范，除了安全设施不达标外，污水乱排放、垃圾乱倒现象比比皆是。这一区域曾经是温岭市“三改一拆”中最难啃的“硬骨头”之一。现在，温峤镇改变了传统的管理方法，实行依法治理，2014年3月，依据《村民自治章程》，上街村召开村民代表大会，决定终止相关合同，收回土地，并通过了“自行拆除、村委会协助拆除的补贴方案”。拆不掉的，向政府申请依法强拆。土地承租人也是乡里乡亲，眼见集体表决了，拆违已成了定势，只好想办法搬迁挪地。很快，全村150亩违法建筑被悉数拆除。村两委再将拆出来的空地，依据《村民自治章程》由全体村民集体商议其用途。由于村民自己有了说话权，拆违也给自己带来了好处，大家都配合拆违行动，村里的环境很快好了起来。

2014年6月嘉兴市南湖区新丰镇镇北村中心户与村里签了全民治水“三包”协议书，协议书中既有村民的承诺，也明确了其责任。从此，这些村民自觉做好房前屋后、门前河道的环境卫生管理，做到垃圾定时定点投放，清除乱堆乱放、乱倒乱排、乱搭乱建等现象，村里组织人员定期检查。村民的自觉行动，很快就使河水变了色，短短三四个月，田洋浜的水渐渐恢复了生气，一点点干净起来。河水干净了、空气好了，村民们尝到了“五水共治”的甜头。当村里推开全民治水“三包”时，村民们纷纷爽快地签了字。

浙江省在“三改一拆”“五水共治”等牵动全省千家万户的重点工作，自始至终都运用法治思维和法治方式，不断转变理念和创新方式方法，坚持用法治方法解决社会矛盾纠纷，村民的法治意识也大为增强。

(三)培育社会组织,民间力量治理社会能量绽放

浙江创新基层治理方式,巧借社会力量,通过培育一个个社会组织,形成社会治理人人参与的局面。以各种社会组织为平台,吸纳了社会各界和人民群众参与社会治理。目前,全省各类社会组织已有3万多个,它们激发了蕴藏于群众中无穷的治理能量。各种活跃在各地、各行和各领域的社会组织正在悄然发力,成为社会治理的重要力量。杭州市上城区紫阳街道的由360多人组成的“老娘舅”调解志愿者队伍、温州市担负生命临终关怀志愿的幸福驿站社工中心,都是闻名国内的社会组织。

其中,最典型的案例是北仑区的“和谐共建理事会”。7年前,宁波市北仑区新碶街道大港社区就邀请企业家、热心职工成立了“和谐共建理事会”,理事会共10个人,服务370多家企业、9万余名职工,让人人都成为管理员。很多社区老大难的事情,例如,公交站点设在什么地方?职工辞职带来劳资纠纷怎么办?乱丢垃圾的不文明现象频发怎么处理?都在和谐共建理事会介入后解决了。现在,该社区又发展了大港企业联合会、志愿者服务站等33个社会组织,公共服务平台如雨后春笋般冒出来,有常年为困难职工提供帮助的社区爱心服务平台(大港爱心基金、帮困基金、爱心超市等);有让中小型企业省力省心的社区职工培训服务平台(大港课堂、空中课堂、流动课堂、微型课堂),也有劝导公民不要乱扔垃圾、乱闯红灯的文明劝导员队伍……有了这些社会力量的参与,困扰社区的“老大难”问题一个个迎刃而解。

第二节　浙江社会自治的探索与实践

一、全国首例业委会起诉开发商案的制度探索

（一）业主大会获取“特殊身份”的制度创新①

2015年10月10日，温州市区嘉鸿花园业主大会状告房地产开发公司索讨数间会所用房所有权一案，在鹿城区人民法院开审。这是全国首例由具备法人资格的业委会参与诉讼案。嘉鸿花园住宅小区位于市区学院中路，系温州嘉鸿房地产开发有限公司开发建设。今年上半年，该公司向温州市房屋登记中心申请对嘉鸿花园小区内数间会所用房进行所有权登记。小区业主认为这几间用房产权应归业主共同所有，于是将房地产开发公司告上法庭。

该案中作为诉讼主体的业委会，根据《物业管理条例》等相关规定，是业主大会的执行机构，没有独立的组织机构和财产，并不具备法人特征。所以，业主大会和业委会都没有独立民事主体资格，在与其他主体发生纠纷时，很难作为民事主体进行起诉。如要参与诉讼，必须要有70%以上业主同意，而且须提供业主身份证复印件等。而要备齐这些条件是一项庞大“工程”，一般的业委会很难做到，因此也就没有资格参与诉讼。但此次嘉鸿花园业委会能顺利提起诉讼，是源于温州对业主大会创新管理的结果。2013年3月鹿城区民政局批准“南塘五组团业主大会”和“嘉鸿花园业主大会”准予登记，具备法人资格。这在全国尚属首创。这一创新使嘉鸿花园业主大会获得了“特殊身份”，从而具备状告开发商的法人资格。此案开审可成为业委会代表业主进行维权的一个范本。

---

①　参见黄云峰：《嘉鸿花园业委会状告房开索讨会所用房所有权　全国首例具备法人资格的业委会起诉案今天开审》，《温州都市报》，2015年10月10日；杜晓：《强化自治能力需更多法治保障》，《法制日报》，2015年10月9日。

(二)本案制度创新的示范价值

党的十八大报告提出,“加快形成政社分开、权责明确、依法自治的现代社会组织体制”“引导社会组织健康有序发展”。党的十八届三中全会指出,“激发社会组织活力”,“推进社会组织明确权责、依法自治、发挥作用”。随着全面深化改革、全面推进依法治国战略方针的实施,政府在不断地向市场和社会放权,与之相应的,为承接政府下放的权力和职能,社会自身必须依法大力提升自治水平和自治能力。社会自治的关键就在于依法自治,如果无法可依,社会自治就会乱无章法,社会纠纷就会演变为弱肉强食,或者弱者维权变成违法侵权。为此,要大力构筑社会自治的法治通道。

近年来,物业纠纷频繁,业主与开发商在对簿公堂时,因其法律地位不明、职责不清,造成业主委员会与开发商的矛盾难以通过法律途径依法解决,以致彼此之间的矛盾容易偏离法治轨道,朝着非正常的方向发展。此案因业委会获得法人资格,能与开发商通过司法程序解决矛盾纠纷,保障了业主的合法权利,推进了社区依法自治能力的提升。

提高社会自治化程度,要求管理者用法律思维和法治方式协调利益关系、解决社会矛盾。管理者要善于依靠法律、寻找法律解决问题;管理者要有创新思维,从法律层面明确和规范各利益主体的权利和责任,以本案中的业主委员会为例,管理的创新破解了一个法律难题,推动了社会自治和法治化水平。另一方面,各类社会组织、企业、群体和公民也应该习惯于通过法律途径去主张权利、表达诉求,遇到问题要学会找法用法,以更多个案积累起社会自治的丰富实践,进而也推动社会自治法律法规的制定和完善。

二、行业商(协)会承接政府职能转移的温州模式

(一)行业商(协)会承接政府职能转移的主要做法

温州作为中国民营经济的发祥地之一,行业协会商会发展起步早,同民营企业、民间资本、民办市场一起,成为“温州模式”的重

要组成部分，为推动温州改革发展发挥了重要作用。历届温州市委、市政府主要领导高度重视行业协会商会健康发展，将其作为服务企业发展、振兴实体经济、推动政府转型的有力抓手。近年来，温州市积极探索，通过开展“1＋4”试点工作，即在市鞋革协会1家协会实行综合性试点，在服装、眼镜、金属、建筑材料4家商会协会开展单项试点，边试点边铺开边完善，转移办法逐步规范，形成了政府职能“转得出”、社会组织“接得住”、转出职能“用得好”的治理模式。

由于政府与企业的信息不对称，企业到底需要什么，政府往往不知情；而行业商（协）会对企业的所思所盼非常了解，所以政府要尽可能转移对企业的行政管理职能，由更内行、更专业的行业商（协）会承接过去。2013年，温州市选择了鞋革协会作为承接市政府转移职能的综合性试点单位。温州市经信委、市科技局、市财政地税局、市人力社保局、市商务局、市质监局6个部门向其转移8个方面的职能。改革试点的主要工作包括：

首先，确定市鞋革协会为综合试点单位。通过梳理政府部门职能、交接职能事项，市鞋革协会较好地承接起6家职能部门先行转移的8项职能。例如：承接市质监局的“浙江区域名牌的推广、使用和市级名牌产品推荐、初审”方面，市质监局就授权职能发文确认，进一步明确了申报程序、对象企业和审核内容。承接市人力社保局的“鞋革行业专业技术任职资格评审初审”方面，鞋革协会成立人才工作站，聘任多名职称评审专家，开展人才培训、职称评审工作。承接市财政地税局的“鞋革行业中享受税收优惠政策的小微企业认定初审”方面，鞋革协会书面通知会员企业按要求做好备案（认定）材料准备，等等。

其次，选择四个单位为单项试点单位。围绕打造“中国纺织服装品牌中心城市”，市服装商会制定了“品牌中心城市”建设规划、实施方案，并与中国纺织工业联合会建立合作关系。围绕搭建行业发展平台，市金属协会整合资源建设温州金属总部大厦和温州金属现代物流中心，确立区域性专业物流信息中心地位。围绕承接职称评审职能转移,市建筑材料协会依托人才工作站开展人才培养和职称评审,累计评审中、初级职称 1500 名。围绕承接行业贸易壁垒预警职能,市眼镜商会设立了企业预警联络点、海外预警联络点和预警工作网站,共接到眼镜企业贸易纠纷投诉案件 23 件,已有 18 件调解达成还款协议。

最后,点面结合,规范操作。在推进行业协会商会承接政府职能转移中,通过开展"1+4"试点工作,坚持试点先行与面上探索相结合,提升承接能力与扩大承接范围相结合,规范操作办法与建立长效机制相结合,做到边试点、边铺开、边完善,探索出承接转移路径,形成了较为规范的转移职能"七步工作法":一是公告事宜。由职能转出部门通过有效方式向社会发布公告,列明转移的职能和方式、承接主体条件、承接要求、竞争程序等相关内容。二是报名竞争。由社会组织根据公告向职能转出部门提出承接申请,职能转出部门通过政府公开采购办法,从中择优选择若干个或一个社会组织承担。三是公示名单。在拟定承接主体名单后,通过有效方式向社会公示。四是签订协议。在公示期内没有异议的,职能转出部门及时与承接主体签订承接转移职能协议,明确双方权利义务、经费支付以及取消承接资格的条件等内容,经领导小组办公室审核,报市政府批准。五是事项交接。职能转出部门在签订协议后及时完成事项移交工作,并通过有效方式向社会公告交接事宜。六是履行协议。承接政府职能的社会组织根据所承接职能的内容与要求,制订承接职能的工作计划,明确承接职能的目标和措施,切实履行承接转移职能协议。七是加强监管。职能转出部门制订转移事项后的监管办法,对承接单位进行全程业务指导和监督检查,定期组成评估小组或引入社会评估机构对承接单位履职情况进行评估验收。

(二)行业商(协)会承接政府职能转移的效果

经过两年多时间的探索实践,温州政府职能转移试点工作进展顺利,取得了较好的效果,具体表现为:

第一，充分利用行业商会协会的优势来弥补政府管理的不足，政府部门减轻了负担，提高了效率；行业协会则可以以更低的成本更高的效率做更专业的事，例如，市建筑材料协会承接行业职称评审职能转移，依托人才工作站开展人才培养和职称评审，截至目前，累计评审中、初级职称 1500 名，做法公正又专业，未接到一例投诉。行业商(协)会在承接这些职能的过程中自身也得到了“升级”，目前全市共有 31 家行业协会商会获得 3A 及以上等级。

第二，理顺政社关系。目前温州全市已在十多个领域购买社会组织服务，年购买服务资金 2 亿多元，商会协会在承接公共服务、配合市场监管、推动科技创新、促进企业整合等方面发挥了重要作用。例如，市家电协会承接了监管安全生产的先河，牵头制定的《温州市空调支架质量及安装规范标准》被确定为国家标准；在承接社会事务服务与管理职能方面，市中级人民法院发布了《关于民商事纠纷委托行业协会调解的意见》，委托行业协会调解温州企业涉及的合同、商标、专利、不正当竞争、劳动争议和消费者权益保护纠纷，经调解达成协议后，协会可申请法院赋予法律效力、制作调解书或申请支付令强制执行。在承接技术服务性职能方面，市合成革商会承接推动企业“三废”治理和节能减排等服务性工作，成立环保自查自纠队每周开展实地检查，在会员单位中大力推广节能减排装备和技术，节能达 20%以上。

(三)温州样本的经验

1. 领导重视，科学谋划

温州市委、市政府成立政府向社会组织转移职能工作领导小组，市政府主要领导担任组长，市委常委、统战部部长担任副组长，负责牵头组织实施和统筹协调。就如何向社会组织转移职能、购买服务，市委统战部、市工商联专门抽调精干力量成立工作组，深入行业协会商会开展课题调研、座谈交流、意见征求，历经 9 个多月的前期试点选择、职能梳理、业务对接等基础性工作后，最终确定上述 6 个部门作为首批试点单位。

2.多点并进，试点引路

按照“条件具备、信誉良好”的要求，根据社会组织的市场化运作程度、行业代表性、组织结构、经费来源状况等标准，选择鞋革协会作为市政府向社会组织转移职能试点承接工作综合性试点单位，并全程指导鞋革协会实施试点工作。6个转移职能试点部门与鞋革协会签署了《温州市政府向社会组织转移职能工作协议书》，签约转移8项职能事项。同时选择条件较成熟的服装、眼镜、金属、建筑材料4家商会协会开展单项试点工作。通过多点并进探索承接政府职能转移工作，制定出台《温州市推进政府向社会组织转移职能工作总体方案》，确定政府转移职能的范围和事项15项。

3.充分论证，依法规范

由市编委办牵头梳理“转移什么”问题，对哪些部门职能需要转移、哪些适合社会组织承接做出进一步论证，出台《温州市政府向社会组织转移职能目录》。由财政部门牵头梳理“购买什么”问题，梳理出涉及基本公共服务事项、社会事务服务事项、行业管理与协调事项、技术服务事项、政府履职所需辅助性和技术事务5项一级目录、55项二级目录、280多项三级目录，论证提出《温州市政府向社会组织购买服务目录》。由民政部门牵头梳理“向谁转移、向谁购买”问题，研究承接政府职能的社会组织应当具备的条件，完善社会组织准入机制，筛选确定《温州市具备承接政府职能转移和购买服务资质的社会组织目录》。

4.建立机制，保障到位

一方面，探索建立资金保障机制。财政资金安排的政府购买服务项目，由财政部门根据实际进度将资金统一拨付职能转出部门，一般分为预拨和清算两次，预拨比例一般不超过总额的60%。职能转出部门再根据合同约定、资金到位和工作成效情况，统筹安排并分次拨款到承接事项的社会组织。另一方面，完善绩效评价机制。建立健全社会组织评价激励机制，社会组织完成相关承接事项后，由职能转出部门组织听取被服务对象的意见建议，组成评估小组或引入第三方机构，对承接的社会组织履职情况进行评估验收，并接受社会咨询、监督和投诉。抓好绩效评估结果运用，对按期保质完成职能事项的社会组织，继续参加政府采购时给予优先资格；对评估不合格或有重大违约行为的取消资质，予以清退，并追究有关违约责任。截至目前，尚未发生评估不合格或有重大违约行为。

第三节　浙江基层社会依法治理的实践与创新

一、村级“小微权力清单”制改革：宁海样本

“无规矩不成方圆”。农村是个人情社会，一直被人情世故所牵绊，要想真正实现治理法治化，立规矩，建章程，是绕不过去的一条路。在宁海，由于长期以来缺乏规范划一、行而有效的监管机制，农村干部违纪违法现象时有发生，在一些地方农村干群矛盾激化。上一届村级组织换届，七八成信访件反映的是村里的党群干群关系，矛盾集中在小额工程建设、集体资产资源处置、群众利益分配等“决事”“花钱”“用人”的权力事项上。2014 年年初，宁海县梳理出“小微权力清单”36 条，涵盖 19 项村级公共权力事项和 17 项便民服务权力事项，让小微权力晒在“阳光”下，装进制度“笼子”里。同时，还相继出台一系列接地气的配套细则，规定了 56 项必须追责的行为，从严追究村干部违规违纪责任。

（一）规范小微权力改革的背景与实践

近年来，“村官巨腐”“小官大贪”等发生在群众身边的不正之风和腐败问题屡见报端，个别村干部以权谋私，严重侵害群众利益，一些地方村干部之间争夺利益，老百姓民主决策、民主管理、民主监督的权利得不到保障，农村政治生态恶化，群众上访数量不断增长，党委、政府威信下降。习近平总书记多次要求，要让人民监督权力，让权力在阳光下运行，把权力关进制度的笼子里。十八届四中全会明确提出依法治国是治国理政的基本方式。而实现依法

治国，重点在基层，难点也在基层。郡县治，天下安；乡村稳，基础牢。让依法治国落脚到农村，遏制村干部违规用权，让村务工作规范有序运行，真正实现农村治理法治化，也是摆在我们面前的重要课题。

正是在这样的背景下，宁海县委从深化村务监督委员会工作、加强村级权力运行监督出发，探索推行村级权力清单制度。从以制度制约权力，铲除村干部腐败产生的体制机制入手，通过科学确权、阳光晒权、规范用权、严格控权，切实把村务权力"关进笼子"，从制度上保障群众的参与权、决策权、管理权、监督权，推动构建农村小微权力规范运行体系。

2014 年 2 月，宁海县在 7 个乡镇（街道）试点推行村级权力清单工作，同年 4 月，在总结试点经验的基础上，这项工作又在全县 427 个行政村和撤村建居经济合作社得以推行开来。"小微权力清单"制运行的具体环节为：

1. 厘清权力，建立清单

过去，村务工作相关制度散落在各类文件中，干部自己不清楚，群众也弄不明白。2014 年 2 月初，县纪委统筹协调县组织部、政法委、法制办、公安局、民政局、农林局等 20 多个涉农部门，深入农村基层第一线，在广泛听取干部群众意见建议的基础上，厘清了村级组织和村干部权力事项 60 余项，其中涉及村级集体管理 40 余项，便民服务 20 余项；并本着简政放权、便民利民的原则，梳理出村级事务权力清单，予以固定和规范，汇编成《宁海县村级权力清单三十六条》，内容涵盖了村级重大事项决策、项目招投标管理、资产资源处置等集体管理事务 19 条，村民宅基地审批、计划生育审核、困难补助申请、土地征用款分配以及村民使用村级印章等便民服务事项 17 条，基本实现村干部权力内容的全覆盖。

2. 绘制流程，规范用权

围绕 36 项需要重点规范的村级权力事项，按照工作步骤设置每项事务的操作环节，绘制下发具体权力行使的流程图 45 张，明确每项村级权力事项的名称、具体实施的责任主体、权力事项的来由依据、权力运行的操作流程、运行过程的公开公示、违反规定的责任追究等 6 个方面内容，确保村级权力运行“一切工作有程序，一切程序有控制，一切控制有规范，一切规范有依据”。在绘制流程图设置工作环节时，坚持务实、管用、简便的原则，尽可能地简化操作程序，除了大中型工程招投标等重大事项以外，绝大部分的村级事务工作流程都控制在 5 个环节左右。尤其是涉及为民服务的权力事项，让村干部知道依法能做哪些、怎么做，同时要求做到一次性告知、限时答复、按时办结，群众清清楚楚明白办事的程序、需要提供的资料、具体找什么人办、什么时候办好，防止村干部推诿扯皮，提高服务效率和群众满意度。

3. 公开村务，全程监督

村民监督委员会是村务监督专门组织，对照 36 条全面开展监督。从 2014 年 4 月至 2015 年 4 月，已结合全县新农村建设及“五水共治”“三改一拆”等工作部署以及涉农惠农政策项目落实，村监会对预算资金约 4.7 亿元的 146 个村级重点项目开展全程监督，节约资金 1200 余万元；扎实推进阳光村务工程。投资 200 余万元建成宁海“阳光村务网”和数字电视公开平台，让群众通过家里电视或手机等方式就可查询到村务办理情况，鼓励村民积极参与村务民主决策、民主管理、民主监督。2014 年以来，通过强化村级权力监督体系，全县共纠正违规办理村务 164 件次，责任追究村干部 181 人次，村级权力规范运行工作进一步推进。

（二）“小微权力清单”制改革的成效

村级小微权力清单 36 条影响甚广，已成为全国各地学习的典范，其成效亦初步显现，具体表现为以下几方面：

(1)丰富了基层民主政治的内容和形式。36 条抓住了当前农村基层治理存在的民主选举后由于权力过于集中，不受监督、没有规范、擅权乱权专权，从而导致农村治理问题更为严峻的问题本质。它通过规范村干部权力运行，补上了村级民主决策、民主管理、民主监督的短板，从制度上保障了农民的知情权、决策权和监督权。尤其是为村监会监督履职指明了方向，全面提高了村监会履职能力，实现了村级权力运行受到全面、全程和全员监督的制度设想，克服了以前事后被动监督的弊端。

(2)规范和制约了农村干部的用权。36条涵盖了群众关注的各种事项和村务工作的全套流程。对于新上任的村干部，36条就像“指南针”，按36条办理村务，就不会好心办坏事。更重要的是，36条为小微权力设立法定职责和用权边界，可以防止村干部不作为和乱作为。村干部用权受到规范和制约，就可从源头上预防农村基层党风廉政风险，从根本上扭转了群众信访多发易发的局面；据统计，36条实施以来，宁海县涉及农村干部廉洁自律方面的初信初访同比下降80%以上，干群关系更趋和谐，农村社会更趋稳定。

(3)建立了便民惠民的办事规则。36条明确了群众的办事程序，群众办事需要提供什么资料、具体找什么人办清清楚楚，群众办事更加简单便捷了。而且，群众可以对照流程图，直观明了地知晓事务办理的具体步骤、时间期限，并享有一次性告知、限时答复、按时办结等权利，知情权和监督权得到了有效保障。同时，36条也有利于保护村干部，让村干部从传统的人情社会里解脱出来，依法依规开展工作。

(三)“小微权力清单”制改革的经验

(1)基层党组织的引领是改革成功的政治和思想保障。随着经济社会的不断发展，农村经济结构、生产关系和社会形态都发生了深刻变化，如何以法治、规则引领基层社会规范权力，规矩办事，是多年来基层社会治理的一个重大课题。宁海县以强化基层党建以突破口，通过加强党的政治引领、思想引领、制度引领、作风引领，着力健全完善基层规范化组织体系、清单化权责体系、法治化城乡社会治理体系等，为推进基层治理体系和治理能力现代化明确了目标要求，从而有力地推动了宁海县农村由“能人治村”向“依法治村”转变，使依法治理深入人心，促成了农村依法治理的新格局。

(2)科学的权力分置是依法治村的制度基础。“小微权力清单”制的实践彻底改变了农村普遍存在的半拉子民主现象,真正保障了村民委员会组织法在农村的贯彻落实。首先,村级权力清单改革,通过对村级权力规范化、确权与限权,决策权、执行权、监督权分置,发挥了村监会的独立监督职能,为村级权力行使、村务工作运行建立了规范用权、依法制权的制度构架,搭建了决策、监督、执行协调一致且相互制约的平台,让延伸到老百姓中间的权力受到制约和监督。

(3)规范的权力运行是基层治理民主化的必然要求。36 条将村级组织和村干部权力纳入流程化、规范化轨道,通过“五议决策法”(即村党组织提议、两委会商议、党员会议审议、村民代表会议决议、两委会实施决议),以及“村务公开”等方式,把涉及村级所有公共事项和服务事项的决策权、执行权、监督权交给村民会议授权的村民代表手中,并就决策后如何执行、监督制定了程序化、标准化、规范化制度,这在全国还是首次,在制度上全面落实了村级选举后民主决策、民主管理、民主监督权利,将农村基层民主由原有的选举民主扩展到治理民主,真正实现了还权于民和权为民所用。

二、“五议两公开”工作法:宁波的实践

要将权力关进规章制度的笼子,一方面,必须给权力制定边界,另一方面,还要充分调动每个村民的参与热情,让这些规章制度“活”起来。宁波市各个建制村按照“五议两公开”的程序要求,通过“党员群众建议、村党组织提议、村务联席会议商议、党员大会审议、村民(代表)会议决议、表决结果公开、实施情况公开”的步骤对村务村事进行决策,解开了以往村民事后知道多、事前知道少,被动告知多、主动参与少的症结,切实保障了村民的知情权、参与权、决策权和监督权,使得党的好政策更能被群众理解接受,好举措更能得到群众的支持配合。据统计,2014 年以来,每个建制村年均运用“五议两公开”工作法进行决策 7 次,最多达 24 次。“五议两公开”工作法使村民从此监督有办法、有渠道和有标准,大大提升

了村民的法治思维和依法治村的能力。“五议两公开”工作法的主要做法包括以下七步：

（一）村党支部会提议

村党支部对村内重大事项及关系村民切身利益的重要问题，在广泛听取意见、认真调查论证的基础上，集体研究提出初步意见和方案，使提议符合中央和省、市、县的要求，符合本村发展实际，符合群众意愿。

（二）村“两委”会商议

村党支部组织召开“两委”会议，由支部书记主持，就村党支部提议的初步意见进行充分讨论和发表意见。根据不同情况，可采取口头、举手、无记名投票等方式表决，按照少数服从多数的原则形成商议意见。

（三）党员大会审议

对村“两委”商定的重大事项，提交党员大会讨论审议。召开党员大会审议前，须把方案送交全体党员，在党员中充分酝酿并征求村民意见；党员大会审议时，到会党员人数须占党员总数的2/3以上，审议事项应经到会党员半数以上同意方可提交村民代表会议或村民会议表决；党员大会审议后，村“两委”要认真吸纳党员的意见建议，对方案修订完善，同时组织党员深入农户做好方案的宣传解释工作。

（四）村民代表会议或村民会议决议

党员大会通过的事项，依照有关法律法规规定，在村党支部领导下，由村委会主持，召集村民代表会议或村民会议讨论表决。参加会议人数必须符合法律规定，讨论事项必须经全体村民代表或到会村民半数以上同意方可决议通过。

（五）决议公开

经村民代表会议或村民会议决议通过的事项，要进行公告。公告的形式：公告采取文字、广播等形式实施。公告的位置：文字公告一律在村级活动场所和各村党务村务公开栏内进行公示，并在公开栏旁设意见箱。公告的时间：公告时间不少于 7 天。公告过程中，要做好解释工作；对公告内容确有遗漏的、不真实的应重新公布。公告期间，村"两委"成员、全体党员和村民代表要主动深入群众中征求意见建议，并将收集到的意见建议进行认真分析、调查，对决议事项做进一步的补充和完善。公告期间，若发现决议中确实存在重大问题，或必须对决议进行全面修改的，要重新召开党员大会、村民代表会议或村民会议，说明情况，宣布决议无效，待修改完善后重新进入"五议两公开"工作法决策程序。

（六）组织实施决议

决议公开期满后应立即组织实施决议，在实施决议的过程中要按照以下四步进行。一是在村党支部领导下，村委会严格按照最终决议结果有计划、有组织地实施。二是接受监督，定期向党员、村民代表通报决策的施行进度、账目、预算。三是在实施中出现问题后，村委会能解释的立即解决，不能解释的提交村党支部按照"四议两公开"工作法程序解决。四是如遇突发问题需变更方案，应及时向村民代表会议和党员大会通报。变化较大的应再次提交村党支部按"五议两公开"工作法程序解决。

（七）实施结果公开

决议事项在村级党组织领导下由村委会组织实施，实施进程和结果及时向全体村民公布。发挥党员大会、村民会议、村民代表会议、村务公开民主管理监督小组、民主理财小组等组织的作用，对实施结果进行审核审查并由村委会及时进行公示。

三、"三治合一"的村规民约之治

2015 年以来，浙江省全面开展村规民约的制订修订工作，很多村都制订修订了特色鲜明、有效管用的村规民约，使"规范做人、规矩办事"日益成为村民的行动自觉，法治、德治、自治"三治"模式真正在农村扎根、落地。

(一)村规民约与法律的结合

村规民约是农村组织的“家法”,也被称为民间社会的“小宪法”,一经村民大会通过,就有对全体村民的约束力。但“家法”不能与国法相冲突,以前很多人误认为,只要制订的村民自治章程、村规民约程序上合法了,内容只要大家同意什么都可规定。事实上,《村委会组织法》已明确规定,村民自治章程、村规民约以及村民会议或者村民代表讨论决定的事项不得与宪法、法律、法规和国家的政策相抵触,不得有侵犯村民的人身权利、民主权利和合法财产权利。所以,民主也不能乱用,村规民约内容也必须合法。

这次村规民约的制订修订过程中,普遍注意了内容的合法性问题。例如,某村 2007 年版的村规民约中规定,“村委会可对违反村规民约的行为进行经济处罚”,但根据相关法律,村级组织没有经济处罚权,该村遂将这条不符合法律规定的条款删除了。

许多村还把时下依法治理的事项“五水共治”“三改一拆”等“时鲜货”写进新村规。如新村规里规定,主动支持“五水共治”,配合农村生活污水治理,不许存在露天粪缸、简易厕所;村民必须遵守“一户一宅”的规定,主动配合“三改一拆”工作,不搭建违法建筑,已有违建必须自行拆除等。甚至有的新村规还搭配了具体的村民行为准则。如“五水共治”一条中,要求村民房前屋后地面扫清爽,周边阴沟花坛不见脏,壁里壁角废物要清除,柴木竹棍摆放需整齐,保持庭院整洁。这样,通过规约精神,使村民自觉自愿履行法律义务。宁海县有 427 个村通过村民代表会议将 36 条纳入村民自治章程,使 36 条成为有约束力的村内“行政法”。

(二)村规民约与道德的结合

这次修订村规民约还有个重要特点是,很多村将传统文化提倡的道德和行为准则纳入规约中来。例如,修订村规民约和签订慈孝协议,成为村民日常生活的行动准则和行为规范,约束和激励村民行慈孝、做善事、遵道德的活动蔚然成风。

最典型的是仙居做法。2012 年以来,仙居县委、县政府倡导

"以慈孝治郡县",开展"慈孝仙居"创建,积极传承和发展传统慈孝文化。通过实施"以文化人""典型感召""全民践行""制度督孝"四大模式,大力创建慈孝村居、慈孝机关、慈孝企业、慈孝学校,提炼和凝聚了"慈爱、孝敬、为善、有信"的仙居人核心价值观。突出机制创新,抓住农村"熟人社会"特点,重塑社区内部的文化价值观念,并培育社会组织推动村民自我管理。建立村级慈孝基金和理事会,按照"我为人人、人人为我"的原则,筹集设立慈孝基金5000多万元,在慈孝文化宣传、慈孝典型培树、慈孝行为践行等方面发挥了最大效益,理事会成为村民信得过、看得起、富有凝聚力的自治组织。

"慈孝仙居"的做法是社会主义核心价值观的大众化、乡土化有益探索和成功样本,也是传统文化和现代理念有机结合的文化创新工程。"人人亲其亲,长其长,而天下平"的传统文化情结在国人心中根深蒂固,也凝结了中华民族传统美德中最重要的道德要求和核心价值。仙居县坚持古为今用、推陈出新,通过村规民约使中华民族最基本的文化基因与现代社会治理相结合,使守望相助、团结和睦的规则意识和宗族、乡约等民间组织在现代社会仍然发挥作用,促进了"官民共治"局面的形成。新时期为社会自治提供法治保障离不开传统文化的支撑,只有立足现代、尊重传统,依法自治才会拥有更加广泛的群众基础和更加长久的生命力。

(三)村规民约与村风民俗的结合

这次村规民约的修订,不少地方强调了村风民俗的内容。将村风民俗入规后,大家不仅自觉遵守,还互相监督。例如,奉化市箭岭村用"三字经"的形式规定,"护鱼苗,禁药电;婚丧简,不挑剔;生态葬,省土地;若违约,要处理;三五天,村扫地"……村委会给每位村民制定了"成绩单",拒不履约的村民将被纳入"黑名单",张榜公布在村里的告示栏。又如另一个村,裘村镇吴江村新村规里做了规定,"房主和房客要配合好村治保组织上门走访,一旦发生问题房主要承担相应责任。"由于房客多次在酒后闹事,村民老阎主动与之解除了租赁合同,自觉遵守规约精神。还有一些村的新规中规定了“义务扫墙弄10天”“上门赔礼一只鸡”“护山林一星期”……规约内容十分“接地气”,讲究人情伦常,体现乡村特色。

“国有国法,家有家规”,村民自己参与制定了新规,内容又体现村风民俗,村民自然也会自觉遵守。许多地方已逐步形成村民自觉遵守、村级执行、镇(街道)监督三者相结合的“立体式”长效运行机制。每个村还相应建立由老年协会成员、党员、退休干部等组成的督导队,对履约情况进行督查。

后 记

地方治理的理念是多元主体对地方事务的合作共治，只有在法治的框架内，各利益主体才能真正实现自身利益的最大化。因而，地方治理本质上就是运用法治思维和法治方式的依法治理。地方政府常常选择问题（矛盾）集中的领域为突破口，进行体制机制创新，以释放政府、市场和社会各方面的活力，协调各方利益关系和消解社会矛盾冲突。治理创新从某种意义上讲，就是修补原来的体制机制，甚至突破原来的体制机制，建设新的体制机制。但是，无论怎么创新，都不应逃逸于法治框架之外进行，法治国家要求地方治理创新坚持法治思维，以法治引领治理创新，通过创新立法为治理创新作出顶层设计、指示制度方向；同时，地方治理创新又常常是激活法律制度功能的试验场，为现有的法律制度转化为现代化的地方治理能力提供新的生长点。

改革开放以来，浙江经济社会发展一直走在全国的前列。在经济社会发展先行的背景下，浙江也遇到了一些先发早发的矛盾和问题，特别是经济体制深刻变革、社会结构深刻变动、利益格局深刻调整、思想观念的深刻变化，人们更希望从法律和制度上规范关系、兼顾利益。浙江省的各届省委均高度重视把推进法治建设放到突出的位置，用民主的方式和法治的力量来治理社会、调节关系、平衡利益、减少矛盾。

本书所择取的地方治理创新和法治发展的案例皆源自浙江省及其下属地区。浙江省在经济社会治理领域的创新活动异常活跃，涌现出了许多在全国具有领先性、示范性的案例。解剖这些案例，研究其制度价值、提升空间和推广条件与可行性，对于继续推进该地区的体制机制创新以及为其他地区改革和发展提供示范具有重要的现实意义和理论意义。本书正是在浙江作为经济社会发展先行先试地区的背景下，坚持理论结合实际的应用研究之旨趣，聚焦于地方治理创新与法治发展的主题，精微解剖样本案例，寻找地方治理与法治发展之道。本书写作力图做到宏观与微观相互结合，点和面相互照应，案例、制度与思想分析相互贯通，案例材料的选择具有典型性和标本性。

本书得以面世，必须感谢这些单位或个人：浙江省社科联为此套丛书的出版花了大量的精力，并悉心指导我们的每一个写作环节；宁波大学法学院院长张炳生教授，他作为本套“法治浙江丛书”的主编之一，高风亮节，把理应由他主笔的这本具有“总论”性质的书之写作重任让给了我；宁波大学法学院汪丹博士，在书稿写作和出版过程中，不厌其烦，为我们做到了大量繁杂的联络工作；责任编辑刘韵女士，工作细心耐心，服务热情周到。

作者

2015 年 12 月